Communication skills that boost
your team member's growth

ヤフーの1《ワン》on《オン》1《ワン》

部下を成長させるコミュニケーションの技法

本間浩輔

ダイヤモンド社

はじめに

この本は、私がヤフーの人事の責任者に就任した2012年から社内への浸透を進めてきた、1on1ミーティング（以下1on1と略します）の方法を記したものです。

1on1とは簡単に言えば〝わざわざ定期的に〟上司と部下との間で行う1対1の対話のことです。

このように説明すると多くのビジネスパーソンは、「面談」を想像されるのではないかと思います。目標や成果を確認する面談、報告や相談の面談など、職場では多くの面談があるからです。しかし、ヤフーで行っている1on1は、みなさんが想像された面談とは、おそらく少し違います。本書で詳しく述べますが、ヤフーは人材育成を効果的に行うために、1on1を行っています。上司はそこで部下の進捗を確認し、問題解決をサポートし、最終的にはその部下の目標達成と成長の支援を行います。ですから、ヤフーの1on1は、言わば、部下のために行う面談です。上司のための報告でも、連絡でも、相談でもありません。

事前に時間や場所を決め、そしてテーマもある程度用意して臨む1on1は、正直に言えば、面倒なものです。ですからヤフーでも、最初からすべての社員に理解してもらえたわけではありません。「1on1に時間をとられてほかの業務ができない」「1on1に意味を感じない」と何度も言われました。

しかし、紆余曲折をした結果、少しずつ社員に浸透してきたように思います。

また、１on１が社外にも拡がっているという話も聞きます。ヤフーの事例がきっかけになっているとしたら、たいへんうれしいことです。しかし、われわれも他社の事例を参考にして１on１を試行してきましたし、一人対一人での面談はどこの会社でも行っていることですから、ヤフー独自の事例のように言うことには抵抗がありました。そのため、これまではヤフー式の１on１について、詳細に話をすることは避けてきました。

しかし、その一方で、社内に限定してヤフーの１on１を継続しても、技術や仕組みの発展はないと思うようになってきました。ITの世界では「オープンソース」「クリエイティブコモンズ」など、よいものはみんなで共有し、直していこうという考え方があり、少なからず私も影響を受けています。この本の企画を考え始めたころ、私は東京大学の中原淳准教授と『会社の中はジレンマだらけ』（光文社新書　２０１６）という本をつくっていた最中でした。それで比較的安易に「ヤフーの１on１を本にしたら、１on１がもっとよいものになるかもしれない」と考えて、準備を始めたものの、そう簡単にはいきませんでした。

まずは読者の想定が難しかった。１on１と聞いて、上司と部下との面談を思い浮かべる人もいれば、コーチングやカウンセリングの資格を持つ人もいるかもしれない。たとえば、傾聴と聞いて応答技法まで想像がつく人から、傾聴という言葉をほぼ初めて聞く人まで、多様な読者のみなさんに伝えたいことを伝えるにはどうしたらよいのか。あまりに考えすぎて思考停止になって、気づいたら構想から2年が経過しようとしていました。今になって考えてみると、よい本をつくりたい、みなさんから評価してもらいたいという気持ちの裏で、自信のなさが見え隠れしていたのかもしれません。

しかし、同時にそれではいけないという思いもわいてきました。たとえ読者のみなさんに批判されたとしても、何もしないよりはよいのではないか。ヤフーの社内では、「空振り三振は許すけど、見逃しの三振は許さない」とよく言われます。そうだ、日ごろは自分も同じようなことを言っているではないか、と思うようになりました。

ヤフーの1 on 1は、決して難しいことをしているわけではありません。一度、デモを見てもらって、自分たちで試してもらえれば、誰でも簡単にできます。付属のDVDをつけて動画を見てもらおうかと思ったり、入門編、上級者編と分冊にすることなども考えてきました。しかし、どのアイデアも利点もあれば欠点もあり、うまくいきませんでした。

このような紆余曲折を経て、本書は、ヤフーの1 on 1について、マンガやスクリプト（対話の文字化）、ヤフーをよく知る学習理論の気鋭の研究者やプロフェッショナルコーチなど専門家との対話、FAQなど、さまざまなかたちで記載する方法をとることにしました。まずは全体をざっと眺めて、しっくりくるところだけでも読んでいただければと思います。なお一部、記述の内容が重複しているところもありますが、大切なことは、許される範囲で、繰り返し記載しました。

私がかつてコンサルティングの仕事をしていたときに、議論のもととなる資料を「たたき台」と呼んでいました。何もないところから議論するよりも、まずは資料（たたき台）を提示して、そこから検討していこう。たたき、たたかれ、最終的には、たたき台の存在はわからなくなってしまうけれど、よきアウトプットを得るためにはたたき台が必要である、という考え方です。

本書が、みなさんの職場をよいものにするたたき台になることができたら、うれしいと思っています。

『ヤフーの1on1』目次

はじめに　1

第1章　マンガで学ぶ1on1ミーティングの基本　9

1on1ミーティング　上司と部下の対話　ケースA　11
1on1ミーティング　上司と部下の対話　ケースB　21
部下に十分に話をしてもらう　28
話は最後まで聞く　34
上司は先に自分の考えを言わない　38
上司依存の関係にしない　42
行動で終わる　46
第1章まとめ　50
Scenery of 1on1……①　51

第2章 1on1とは何か 53

1 ヤフーが1on1に取り組む理由 54
2 1on1の効果 63
3 1on1の基本形 70
コラム 初めは1on1に懐疑的だった 82
4 対談❶ 中原淳・東京大学大学総合教育研究センター准教授に聞く
「対話とは相手の背後にある前提を探り合うこと」 88
第2章まとめ 102
Scenery of 1on1……② 103

第3章 1on1における働きかけ 105

1 信頼関係の構築 106
2 学びの深化 114
3 次の行動の決定 127

コラム　1on1ミーティング前史　129
4　対談❷　守屋麻樹・ローレルゲート代表（プロフェッショナルコーチ）に聞く
「対話のテクニックより目の前の相手に真剣に対峙することが大事」　132
第3章まとめ　148
Scenery of 1on1……③　149

第4章 1on1導入ガイド

151
1　ヤフーが実践する仕組み　152
2　対談❸　松尾睦・北海道大学大学院経済学研究科教授に聞く
「人事が理想を語らなければ、いったい誰が語るのだろう」　170
3　1on1のFAQ　184
第4章まとめ　194
Scenery of 1on1……④　195

第5章　ヤフーが人財開発企業を目指す理由　197

1　組織と働く個人のかかわり方のギャップを修正する　198
2　対談❹　由井俊哉・ODソリューションズ代表（組織・人材開発コンサルタント）に聞く
「社員に成長の場を与えることは企業の役割だ」　212
第5章まとめ　230
Scenery of 1on1……⑤　231

あとがき　233

第1章 マンガで学ぶ 1on1ミーティングの基本

よい1on1を実現するためには、
守るべきポイントがあります。
第1章では、よい1on1のための手がかりを示します。

ヤフーの1 on 1は、原則として週に1回、30分程度かけて行います。進捗報告や評価面談など、組織における上司と部下の面談にはいろいろなものがありますが、私たちの1 on 1は、部下のために行う面談です。ですから、30分の対話が終わったときに、部下が「話してよかった」と思えば、まずは成功です。

でも、これは決して簡単なことではありません。対話すること自体は難しいことではないのですが、その時間が部下のためになるものであるためには、心がけるべきこと、守るべきポイントがあります。詳しい説明をする前に、まずは具体的なケースを見ることにしましょう。この章では、ヤフーの1 on 1をおおまかに理解していただくために、二つのマンガを読んでいただきます。ケースAとケースBは架空の対話例ですが、部下のための面談かどうか、という点で、大きな違いがあります。読み比べて、上司の面談のあり方のどこが違うのかを考えてみてください。

念のため付け加えますが、マンガはデフォルメした一部分であり、例示です。実際の1 on 1には、さまざまなパターンがあることをご理解ください。

1on1 ミーティング
上司と部下との対話
ケースA
カシャ
カシャ
カシャ
今日は何の話をしましょうか
……
このところちょっと気がかりなことがありまして…
カシャ
カシャ
メンバーの鈴木さんのことなんですが…

ああ
鈴木さんね
カシャ
カシャ
カシャ
僕も気になっていたんですよ
興味ない仕事はなかなか手をつけようとしませんよね
あっ いえ
今困っているのはプロジェクトの進め方でして
鈴木さんと周囲の関係者とで意見が合わないらしく
進捗状況が思わしくないことなんです
そっちの方の話ですか

うん
やっぱりうまく
進んでないん
だ
鈴木さんは
今回の案件を任せるに
十分な経験と能力が
あります
ただ…
一緒に働く
周囲のメンバーと
ぶつかりがちで…
誰と
ぶつかって
いるんです?
い
いえ
具体的に
誰と
いいますか…

けっこう激しく
衝突?
しょっちゅう
起こるんですか?
…「ぶつかる」
って
言ってしまい
ましたが
まわりとうまく
協調がとれて
いないってことかな
と思ってまして…
ああ…
そういう
ところは
ありますよね
うん
彼の弱い
ところだな

自身の能力が
高いだけに
周囲への要求が
高い…
まぁ 高い水準で
仕事をしようと
することと自体は
悪いことでは
ありませんが…
モノの言い方と
いうか
伝え方に課題が
あると思って
いるんです
鈴木さんの
能力が高いと
いうのは実際
どうですかねぇ

先日の案件だって
クロージングが
上手だとは
言い難かった
まあ
とはいえ
コミュニケーション
に難ありだと
いうことには同意
しますけどね

今 話をしていて 気づいたのですが…
問題なのは鈴木さんの考え方や仕事の進め方自体ではなくて
単に周囲との接し方が上手じゃないだけなのかなと
そうそう 私もちょうどそんなふうに思っていたところです

となると
そこは上司が
かかわるポイント
ですよ
そのあたりに
ついて
鈴木さんと
話してみて
ください
そ
そうですね

どうです？少し道筋が見えてきたんじゃないですか？
私の経験から言ってまずは率直に話してみることが一番です
あ ありがとうございます
頑張ってみます

1on1ミーティング
上司と部下との対話
ケースB
今日は何の話をしましょうか
カシャ
カシャ
このところちょっと気がかりなことがありまして…
メンバーの鈴木さんのことなんですが…

鈴木さんですか
何かあったんですか？
どんなことでしょう
……ええ…
プロジェクトの進め方について鈴木さんと他の関係者とで
意見が合わないらしく進捗状況が思わしくないんです

そうですか もう少し 状況を詳しく 話してもらえ ますか
鈴木さんは
今回の案件を 任せるに十分な 経験と能力が あります
ただ 一緒に働く周囲の メンバーとぶつかり がちで…
ときどき 険悪な 雰囲気に なることが あるんです

まわりとの
協調がうまく
できていない
…？
自身の能力が
高いだけに
周囲への要求が
高い…
まぁ
高い水準で仕事を
しようとすること
自体は悪いこと
だと思いませんが
モノの
言い方と
いうか
伝え方には
課題があると
思っているんです

なるほど
伝え方に問題ありだと思っているんですね
今話をして気づいたのですが問題なのは…

問題なのは鈴木さんの考え方や物事の進め方ではなく
単に周囲との話し方ですね
少し問題の焦点が見えてきたみたいですが
どうしていきましょうか？
そうですねえ……

鈴木さんとは周囲とのコミュニケーションのあり方に話題を絞って一度 話をしてみたいと思います
そうですか
鈴木さんとは近々話をする予定が決まっていますか？
ええ
明日の午前中に1on1の時間をとってあります
そこで話をしてみようと思います

では、二つのマンガ、ケースAとケースBとで、シーンを見比べながら、いくつかのポイントについて説明します。やや記述が専門的になるかもしれませんが、続く第2章でさらに掘り下げて説明します。

部下に十分に話をしてもらう

ケースA

ケースB

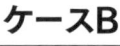

面談を部下のための時間にするために、まず大事なことは「**部下に十分に話をしてもらうこと**」です。なぜなら、1 on 1は部下の行動や経験学習を深めることを目的としていて、そのためには、部下は自分の経験を詳細に思い出して、言葉にして、深く内省することが必要だからです。経験学習については、第2章で説明します。

それでは、順を追って見てみましょう。

冒頭の部分から、ケースAとBでは大きな違いがあります。

まずケースAの上司は目線をノートPCのモニターから離そうとしません。一方で、ケースBの上司は、モニターから目を離した上で体を部下に向けて話を聞いています。みなさんが部下ならば、ケースAとケースB、どちらの上司が話しやすいでしょうか。読者のみなさんのなかには、ケースBのように「じっと見られる」とかえって話をしづらいという人もいるかもしれません。しかし、実際に話をしてみればわかりますが、ケースAのような上司と1 on 1をしても、話は長く続きません。ケースAの上司の先が思いやられます。

それでも部下は、話を切り出します。

部下「このところちょっと気がかりなことがありまして…。メンバーの鈴木さんのことなんですが」

上司「ああ、鈴木さんね。僕も気になっていたんですよ。興味ない仕事はなかなか手をつけようとしませんよね」

上司は「僕も気になっていたんですよ」と部下の言葉を先取りして、自分の考えていることを話し始めてしまっています。これでは部下の学びは深くなりません。むしろ、部下は上司の考えに沿ったことを話してしまうのではないでしょうか。しかし、このケースでは部下は勇気を持って、上司の言葉を否定しています。以下がその部分です。

部下「あっ、いえ、今困っているのは、プロジェクトの進め方でして、鈴木さんと周囲の関係者とで意見が合わないらしく進捗状況が思わしくないことなんです」

これに対して上司は、こんな反応をしています。

上司「そっちの方の話ですか。うん、やっぱりうまく進んでないんだ」

読者のみなさんは、これまでのやりとりを、どう感じましたか？「やっぱり」という表現は気になりませんか？「やっぱり」とは、案の定、上司が予測した通り、という意味です。

１ｏｎ１は部下の成長のために行われるものであり、上司が状況把握をするためのものではありません。ここで大切なのは、鈴木さんと接しているのは部下であり、部下がこの状況から何を学び、次の行動にどう活かしていくのかということです。ここでの上司の役割は、部下の学びの支援であり、そのための対話であることを意識する必要があります。

一方、ケースＢの上司はどうでしょうか。

上司「鈴木さんですか。何かあったんですか？　どんなことでしょう」

上司「そうですか。もう少し状況を詳しく話してもらえますか」

この場面で、上司は「もう少し状況を詳しく話してもらえますか」と聞いていますが、この問いは上司が「部下と鈴木さんに何があったか」を聞きたいのではありません。上司は「部下と鈴木さんの間であったできごと」から、部下が深く学ぶことができるように、まずは、「部下と鈴木さんの間であったできごと」を、部下の頭のなかでありありと再生させるために、「もう少し状況を詳しく話してもらえますか」と聞いています。部下の立場からすれば、鈴木さんについてぼんやりと状況を思い浮かべるのではなく、具体的な物語を語ることによって、物語のなかの鈴木さんや、部下を含むまわりの人とのかかわりが、部下の頭のなかで描写されていきます。

一方で、上司は部下の語りからでしか、「部下と鈴木さんに何があったか」を想像することはできません。上司は、文字にして数十文字、時間にして数秒の語りで、状況を想像しているにすぎません。言い換えると、「プロジェクトの進め方について鈴木さんと周囲の関係者とで意見が合わないらしく、進捗状況が思わしくない」という事実について、上司と部下の間には大きな情報量の違いがあります。であるにもかかわらず、ケースAでは圧倒的に情報量の少ない上司が、あてずっぽうに、部下に対して助言しています。

読者のなかには、上司の方が鈴木さんについて知っていたり、対応方法のバリエーションを多く持っていると思われる方もいるかもしれません。しかし、ここでのポイントは、「部下が鈴木さんに対してどう接するか?」「部下が鈴木さんとの関係から何を学んで、次の行動に活かしていくか?」です。

仮に上司が経験豊富で部下に助言した方が早かったとしても、それでは部下の学びは浅いままで終わってしまいます。であるからこそ、上司は助言したくなる気持ちをぐっとこらえています。このような上司の応答は、１on１の導入として、理想的です。

そうですか
もう少し
状況を詳しく
話してもらえ
ますか
上司は、部下の頭のなかでできごとを再生させることをうながす

話は最後まで聞く

ケースA

ケースB

部下「鈴木さんは、今回の案件を任せるに十分な経験と能力があります。ただ…、一緒に働く周囲のメンバーとぶつかりがちで…」

上司「誰とぶつかっているんです？」

ケースAの上司は部下に最後まで話をさせず、途中で遮って質問をしています。部下に十分に話をさせ、面談を100％部下のための時間にするという1 on 1の狙いから言って、これはもっとも避けなければならないことです。

なぜでしょうか。本人が思い出して、学び、行動することが重要だからです。「誰とぶつかっているんです？」という上司の問いは、上司の関心であり、部下の学びにはあまり関係ありません。この場合、上司は「ぶつかりがちで」という言葉に過剰に反応し、「誰と？」と聞いてしまっています。これでは、部下のためではない、ということになります。

部下「い、いえ、具体的に誰といいますか…」

上司「けっこう激しく衝突？　しょっちゅう起こるんですか？」

自分が事実を把握するために質問攻めにしてしまっています。上司の、事実を正確に把握したいという気持ちは、わからなくはありません。かといって、100％事態を把握するのも無理でしょう。このような関係が続けば、上司からの指示に沿って行動する「考えない部下」を育成することにもなりかねません。

ここでの上司の質問は、どれも上司の関心や興味に基づく質問であり、対話の内容は部下が本当に話したいことから、ずれていくことになります。

一方で、ケースBの上司は、部下の語りを聞くことに集中しています。語ることによって、だんだん自分の考えが明瞭になり、深まっていく。部下のための時間が進んでいきます。

……
ええ…
プロジェクトの進め方について鈴木さんと他の関係者とで
意見が合わないらしく進捗状況が思わしくないんです

質問攻めにせず、部下の語りを聞くことに集中

上司は先に自分の考えを言わない

ケースA

ケースB

ケースAの上司の迷走は、なお続きます。

部下「…『ぶつかる』って言ってしまいましたが、まわりとうまく協調がとれていないってことかなと思ってまして…」

上司「ああ…、そういうところはありますよね。うん、彼の弱いところだな」

上司は「彼の弱いところだな」と決めつけています。ここに1on1を上司と部下の間で行うことの難しさが表れています。なぜなら、上司と異なる見立てを持っていたとしたら、部下はそれを表明しづらくなるからです。

1on1は評価のための面談ではありません。良い悪いの判断は避け、部下の思いや考えを深めるための問いかけをするべきです。

この点で、同じ場面でのケースBの上司は、効果的な言葉を投げかけています。

上司「まわりとの協調がうまくできていない…?」

自分の判断を加えず、部下の言葉に反応しています。さらに、この上司が上手なのは、「ぶつかる」「ときどき険悪な雰囲気になる」という表現を「まわりとの協調がうまくできていない」と言い換えたことです。

部下は、上司に「まわりとの協調がうまくできていない」と言い換えられて、どのように感じたのでしょうか。部下にとって「まわりとの協調がうまくできていない」がしっくりこない表現であれば、「まわりとうまく協調がとれないというわけではないのですが」と修正するはずです。このケースでは、上司の「まわりとの協調がうまくできていない」という言い換えを聞いて、部下の頭のなかでは「そうか協調がとれていないんだな」とか「協調はとれているんだよな」と考えがグルグルまわっています。

このように1 on 1では、考えを深めるツールとして「言い換え」をよく使います。部下の発言から状況を想像して、適切な言葉を選び、部下に投げかける。このとき、上司の語彙が豊かであればあるほど、よき1 on 1ができる可能性が高まるとも言えると思います。

このような上司のニュートラルな反応を契機に、部下はさらに考えを深め、だんだん掘り下げて問題の本質を探っていくことになります。

まぁ
高い水準で仕事を
しようとすること
自体は悪いこと
だと思いませんが
モノの
言い方と
いうか
伝え方には
課題があると
思っているんです

上司のニュートラルな反応に、部下は考えを深めていく

上司依存の関係にしない

ケースA

鈴木さんの
能力が高いと
いうのは実際
どうですかねぇ

ケースB

伝え方に
問題ありだと
思っているん
ですね

なるほど

上司「鈴木さんの能力が高いというのは実際どうですかねぇ」

ケースAの上司は「彼の弱いところだな」と決めつけたのと同様に、部下の言葉を否定することで、対話の流れを止めてしまっています。また、この対話でのメインテーマは、「鈴木さんの能力」ではなく、部下が鈴木さんにどのように向き合うかであるはずです。具体的には、部下が鈴木さんとの接し方を振り返り、内省し次の行動に活かす。そして、これらの経験から部下が何かを習得し、鈴木さん以外の人との接し方のレパートリーを増やすことによって、部下のピープルマネジメントの能力が上がる。これが1 on 1が意図するところになります。

ところが、ケースAの上司は、部下の言葉に疑問を呈しています。これでは、部下の考えを深めることにはなりません。自分の考えを対話に混ぜこむことで、部下の話したいことから逸れていってしまっています。

1 on 1は比較的安全なコミュニケーション手法です。なぜなら、1 on 1は傾聴が多く、原則として評価もしないため、面談などと比較して、不用意に人を傷つけたり、ストレスフルな状況に追い込む可能性が少ないからです。しかし、1 on 1が上司と部下との関係で行われていることには注意が必要です。

たとえば、一般的に上司は部下の評価権限を持っています。加えて、部下の異動や業務アサインについても影響力を持っています。したがって、部下は上司から嫌われるような発言はしないものです。上司はよほど気をつけないと、部下は本音を話してくれません。

では、ケースBの上司はどのように対応しているでしょうか？

「まわりとの協調がうまくできていない…？」という言い換えは、これから具体的に行動する部下の考えを引き出すニュートラルな言い方です。このような問いかけをされると、部下は自分で、鈴木さんについて考え、部下が鈴木さんにどう向き合うべきか、考えを深めていきます。

注意していただきたいのは、否定がつねにNGではないということです。ただ、上手に否定しないと、いつの間にか部下は上司の指示を待つようになりかねません。上司依存になると、部下は考えなくなり、学びが深まりません。

加えて、ケースBの上司は次のように進めます。

上司「なるほど。伝え方に問題ありだと思っているんですね」

部下が感じている問題の根が「伝え方」だとわかったところで、この言葉をキーワードとして、自分の意見や評価を加えず、そのまま返しています。ここからさらに部下の考えは深まっていきます。

自分の意見や評価を加えずに返された上司の言葉に、さらに考えは深まっていく

行動で終わる

ケースA

ケースB

1on1では、締めくくりの方法も大事です。

ケースAの対話は、次のように進みます。

部下「…今話をしていて気づいたのですが…、問題なのは、鈴木さんの考え方や物事の進め方自体ではなくて、単に周囲との接し方が上手じゃないだけなのかなと」

上司「そうそう。私もちょうどそんなふうに思っていたところです。となると、そこは上司がかかわるポイントですよ。そのあたりについて、鈴木さんと話してみてください」

対話を進めることで問題の本質が見えてきました。しかし、次の行動＝問題への対処法について、部下より先に上司が示してしまってはいけません。部下が自ら思いついて行動に移すことが大切です。このように対話によって考えを深め、主体的に問題解決の方法にたどりつくことが部下の成長につながるからです。その観点からすると、ケースAの上司の言動は、成長機会を奪ってしまいます。

ケースBの上司はどうでしょうか。

部下「今話をしていて気づいたのですが、問題なのは、鈴木さんの考え方や物事の進め方ではなく、単に周囲との話し方ですね」

上司「少し問題の焦点が見えてきたみたいですが、どうしていきましょうか？」

次の行動について、部下自ら考えることをうながしています。

ケースA、ケースBのどちらにも「今話をしていて気づいたのですが」とあります。マンガなのでわざとらしいかもしれませんが、実際にはこういうことはよくあるのではないでしょうか。話をしながら考え、話をしながら思いつくという経験は誰にでもあると思います。これも1 on 1の狙いの一つです。

そして締めくくりの言葉です。

ケースA

上司「どうです？　少し道筋が見えてきたんじゃないですか？　私の経験から言って、まずは率直に話してみることが一番です」

上司は、自分の経験が豊富であると部下に自慢したところで、どのような意味があるのでしょうか？ 1 on 1の思想から言うと、上司のこの発言からは意図らしいものは感じられません。上司はよく考えずに発言しているようにも見えますが、このような発言の積み重ねは、1 on 1の効果を損ねてしまいます。

一方で、ケースBの上司はどうでしょうか？

ケースB

上司「そうですか。鈴木さんとは、近々話をする予定が決まっていますか？」

ケースBは、行動の具体的なイメージを浮かべてもらうような問いかけをしています。その後、部下は具体的に鈴木さんと話をする時間まで上司に話しています。上司に行動を話すということは行動宣言であり、コミットメントと言えます。

実際には具体的な行動ができないかもしれないし、行動してもうまくいかないかもしれない。しかし、行動ができなければ、次の1 on 1で、なぜ行動ができなかったのかを振り返ればよいし、行動してもうまくいかなかったのならば、その理由を考えればよい。上司はその支援者となり、粘り強く部下に寄り添う。このような積み重ねによって、考え、行動し、経験から学ぶ部下を育てることができます。

第1章まとめ
Summary Chapter 1

- 1on1では、部下に十分に話をしてもらうことが大事である。きちんと部下と向き合って話す。
- 部下の言葉を先取りしたり、途中で遮って自分の考えを話さない。それでは部下の学びは深まらない。
- 1on1は部下の成長のために行うものであり、上司が状況把握をするためのものではない。
- 否定はつねにNGではないが、上手に否定しないと上司依存、つまり部下は上司の指示を待つようになる。それでは部下は考えなくなり、学びは深まらない。
- 次の行動＝問題への対処法について、部下より先に上司が示してはならない。

Scenery of 1on1……①

[上司]

石原佑太さん

(マーケティングソリューションズカンパニー　コンサルティング本部 アカウントマネジメント1部長:右)

状況に応じて業務進捗の確認とキャリアの話を主に行っています。ホワイトボードを使って話を整理することが多いですね。私の方から指示をすることが目的ではなく、基本的には本人の行動やキャリアについて考える時間に使ってもらっています。

[部下]

安齋恭平さん(左)

私は新入社員。ですから、10歳年上の上司に仕事以外のことで自分から話しかけるハードルが高く感じやすいです。1on1ではプライベートの話もでき、いいチャンスを得られていると思います。

第2章 1on1とは何か

1on1には、いくつかの目的がありますが、
ヤフーにとって最大の目的は人材育成です。
部下の経験学習を促進させ、
才能と情熱を1on1によって解き放つことで、
部下は大きく成長します。

2-1 ヤフーが1on1に取り組む理由

背景にある二つの概念

「1on1の効果にはどのようなものがありますか?」

1on1に関して社外でもっとも聞かれる質問です。

その答えは、答える人(1on1を経験する人)によって違います。ヤフーの社員に聞けば、「部下のことがわかる」や「コミュニケーションの質が上がる」など、さまざまな答えがあるように思いますし、それでよいと思います。

しかし、いくつかある1on1の目的のうち、何を中心に考えているかと私が問われた場合には、まずは「社員の経験学習を促進するため」であると答えます。加えて、ヤフーの人材育成の基本方針である「社員の才能と情熱を解き放つ」ための手段の一つと答えます。

本章では、ヤフーの1on1の背景にある二つの概念である「経験学習の促進」と「社員の才能と情熱を解き放つ」について説明します。

経験学習を促進させる

経験学習とは、文字通り経験から学ぶことに重きを置く人材育成の方法で、職場での経験を学びに換えて、次の仕事経験に活かしていくという考え方です。

「7：2：1」の理論というものがあります。これは、人の成長を決める要素の比率と言われていて、7割は「仕事経験から学ぶ」割合、2割は「他者から学ぶ」割合、そして残り1割は「研修や書籍から学ぶ」ことを示しています。

理論に頼らなくても、仕事経験が重要であるということに違和感を感じる方は少ないでしょう。しかし、単に経験を重ねるだけで、学びが深まるかというと、それほど単純ではない。経験はするけれど、同じような失敗や過ちを犯し続ける人はどこにでもいるのではないでしょうか。すなわち、経験学習を促進するためには、経験をすることだけでなく、経験を学習に変換するアクション（振り返り）が必要で、それが1on1です。

ヤフーでは、社員が経験から学ぶプロセスを想定して、社員がプロセスをまわす手段として、1on1を活用しています。具体的には、1on1の場で、社員が経験を振り返って学びに換え、その学びを試す場を見つけて、実際に試して、学びが活かせたかどうかをチェックする。言わば学びのPDCA

図1　経験学習サイクル

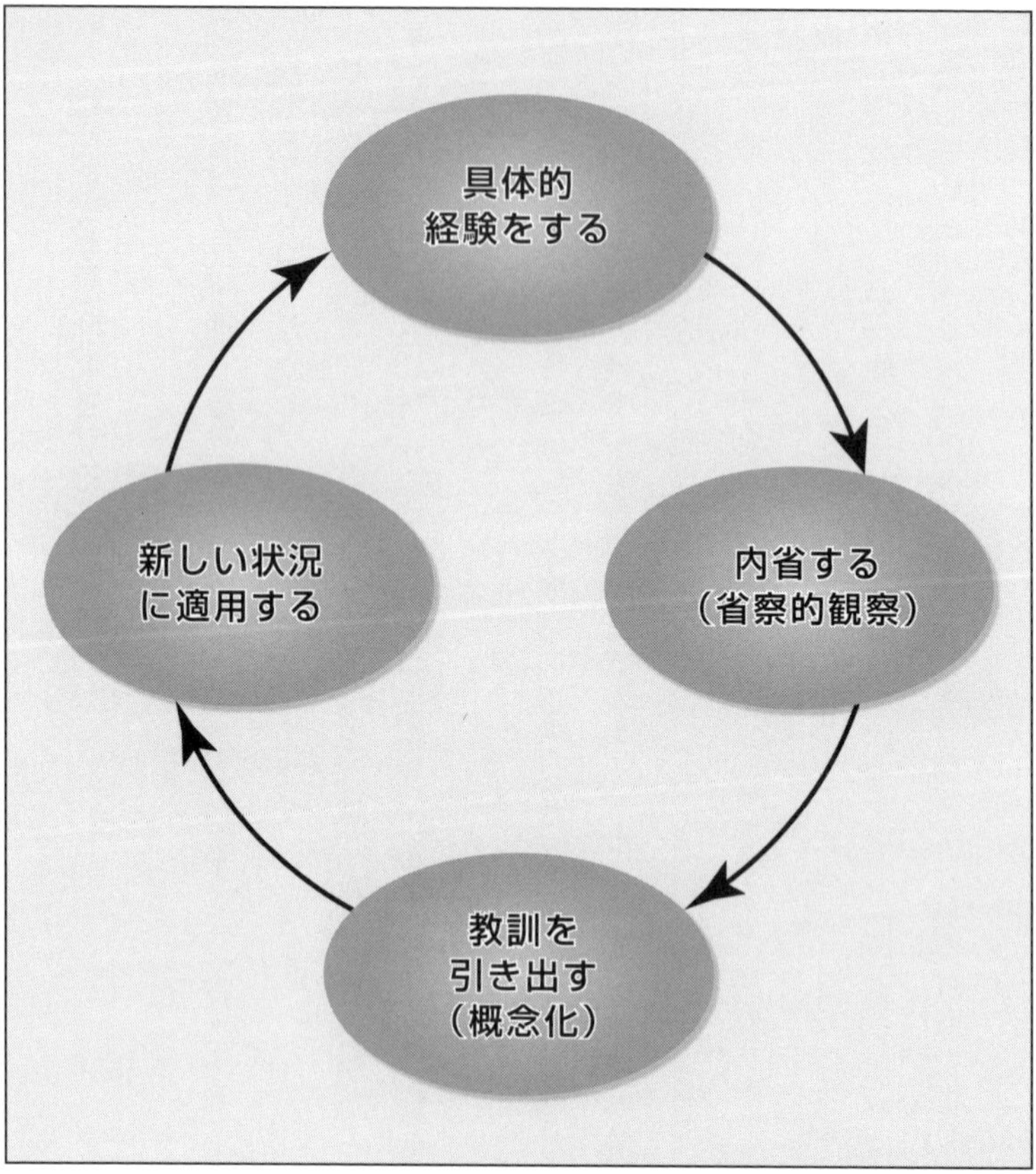

出所：コルブ(Kolb, 1984)に松尾睦の知見を加えてダイヤモンド社が作成

サイクルが必要であると考えています。

この考えを補足する理論として、ヤフーはデービッド・コルブ[1]の経験学習サイクルを採用しています。コルブの経験学習モデルとは、図1に示したように**人が経験から学ぶときは、「具体的経験→内省（振り返る）→教訓を引き出す（持論化、概念化）→新しい状況への適用（持論・教訓を活かす）」というサイクルをたどる**というものです。

1on1では、この経験学習のサイクルをまわすことをイメージしています。社員の具体的経験をもとに、その経験を掘り下げて（省察的観察）、教訓を引き出し（概念化）、次の仕事（新しい試み）に活かしていく、このサイクルを何回も回転させることによって、社員の学びを深めていくのが狙いです。

たとえば、ある社員が数日前にプレゼンテーションで失敗したとしましょう。その社員は1on1で、失敗したプレゼンテーションをテーマに取り上げます。その時、上司はうなずいたり、相槌を打ちながら、部下が失敗したプレゼンテーションを思い出すことにつきあい、また「うまくいったときと今回の違いは何だと思う?」「同じような経験はあったの?」などと質問をしながら、部下の省察を支援していきます。その結果、部下は失敗したプレゼンテーションの経験から教訓を引き出し、その経験を活かす次の機会（プレゼンテーション）を探していきます。

1 David A. Kolb アメリカの教育理論家。

一般的に、このような経験学習をまわす支援は、外部のコーチなど協力者と依頼者の間で行われますが、ヤフーの場合は上司と部下の間で行われるため、上記の例で言えば、部下のプレゼンテーションを見た人からのコメントを積極的にもらったり、上司がプレゼンテーションを実際に見ることも可能です。さらに、部下がプレゼンテーションに再度挑戦する場を、上司が探すこともできます（外部の協力者はここまではできません）。このように、上司が部下の経験学習の促進に積極的に働きかけられるのが、ヤフーの1 on 1の特徴でもあります。

ヤフーが主な事業領域とするITは、変化のスピードが速く、社員は常に新しい知識を取り入れて、学んでいく必要があります。そのため、すべての社員が1 on 1を通じて学び続け、社員同士が学びを結合することによって、ミッションである世の中の課題解決に寄与していくことを目指しています。

才能と情熱を解き放つ

ヤフーでは、1 on 1によって経験学習のサイクルをまわすことのほかに、1 on 1によって社員の「才能と情熱を解き放つ」ことも大切にしています。

才能と情熱を解き放つとは、ヤフーの社員が、仕事や仲間からの支援をきっかけにして自らの才能に気づいて、自らのエネルギーがあふれ出す情熱を解き放つような仕事をするような会社にしたいという思いを言葉にしたものです。

では、社員の才能と情熱を解き放つにはどうしたらよいのでしょうか？　私たちは、才能と情熱を解き放つためには、①いろいろな仕事を経験して、②上司や職場の仲間から観察してもらい、③経験を振り返りながら自分の職業観について考えることが大切だと思っています。

まず、「いろいろな仕事を経験する」ことについて説明します。

日本には3万種類の職業があると言われています。そのうち、一人の人が経験できる仕事はいくつあるでしょうか。私の経験ではせいぜい1ケタだと思います。世の中にはこれだけ多くの仕事があるのに、私たちはほとんどの仕事を経験することなく、職業人生を終えていきます。

言い換えると、多くの人は、自分に合った仕事があるにもかかわらず、そのことに気づかなかったたり、今の仕事が自分に合っていないと知りつつも、家族のため、または生きていくために、現在の仕事を続けて、職業人生を終えています。

日本では、まだ自由に何度も転職ができる状況ではありません。であるならば、一つの会社においてさまざまな仕事を経験して、自分に合った一生の仕事を探すことは意味のあることだと思います。

ヤフーでは、社員がさまざまな仕事を経験して、そのなかから、少しでも自分に合った仕事を見つけることを目指しています。もちろん、ヤフーのなかで3万種類もの職業を用意することはできません。

しかし、社外への出向などの機会も含めて、できるだけ多くの職業を経験してみることが大切だと思っています。ここでも経験がキーワードになってきます。

また、ヤフーでは、興味がある仕事があれば、兼務を入れて経験をしたり、自分の意思で異動をすることも可能です。このようにして、言わばトライアンドエラーを繰り返すことによって、自分に合った仕事に近づき、その結果として、「才能と情熱を解き放つ」会社にしたいと思っています。

そのための重要な場が1 on 1です。上司と部下との間で、部下がやりたい仕事について話をしたり、上司が助言をしたりしています。

次に「職場の仲間に観察してもらう」ことについて説明します。

人は案外自分のことについて知らないものです。まわりの人は気づいているのに自分だけ気づいていなかったという経験は、誰にでもあるのではないでしょうか？

たとえば、営業が苦手だと思っている社員がいたとします。しかし、上司から見ると部下が営業をしている姿はイキイキとしているし、営業の苦労話をしているときはうれしそうに見える。また、本人は管理職が向かないと思っていても、まわりから見ると向いているというケースもあります。このように、一人では気づきにくいことであっても、仕事や仲間からの観察を通じて、社員自身が自ら発見できるかもしれない。その場として1 on 1は活用できます。

社員に限らず、人は自分の本当の才能に気づいていないものなのだと思います。たとえば、子どものころに「絵が上手だね」と褒められて絵描きを志したり、学校の先生から、「君はバレーボールに向いている」と言われて、その後プロを目指すようになった、などという話は、みなさんもよくご存じだと思います。仕事でも同じようなことが言えるのではないでしょうか？

人が一人で成長することは難しい。社員は仲間に助けられて成長することができるし、社員は仲間の成長に貢献するべきです。ヤフーでは、上司であろうと部下であろうと、また、年齢や役職に関係なく、仲間の成長にかかわり合うことを大切にしています。

1on1では、上司からの見え方に限らず、対象者がまわりからどのように見えているのかもテーマとなります。具体的には、360度評価コメントがその材料になったり、上司から部下がどのように見えているのかについても率直に話し合われます。

最後に、「職業観について考える」ことについて説明します。

ヤフーの1on1では、上司から「どのような仕事をやりたいの？」という質問がなされることがあります。この質問の答えによって異動が決まることは多くはありません。しかし、やりがいを感じる仕事や、なぜやりがいを感じるのかについて内省することだけでも意義がありますし、すぐに異動が実現しなくても、少しでもやりがいを感じられる仕事に近づくことは大切なことです。

働く人であれば誰でも夢中になれる仕事があるでしょう。時間を忘れて仕事をしたり、昼食を抜いてでもやりたいと思う仕事をした経験はありませんか？　また、この仕事の経験は将来の自分に役に立つと思ったり、自分が好きな領域の仕事をした経験はあるのではないでしょうか。

このような私たちの考え方は理想にすぎないのかもしれません。仕事はお金をかせぐ手段であり、苦役であるという考え方は否定しません。しかし、社員が自分の仕事に納得し、やりがいを感じ、意味や意義を感じる仕事ができるような会社にするためには、社員に自分のキャリアについてよく考えてもらう必要がありますし、そのためのツールや機会を会社は提供するべきだと思っています。

このような考えをこめて、ヤフーでは、**「アサインよりチョイス」**と言っています。これは、社員が会社からアサインされる仕事をするのではなく、社員が職業観に気づき、自ら仕事をチョイスするような会社にしたい、ということです。社員が希望する仕事をすべて会社が提供するのは容易ではありませんが、少しでも、社員が納得して仕事をできるようにしたいという思いです。

そのためには、社員が仕事について自ら考える必要があります。一方、上司も部下の気持ちをよく知らなければなりません。どのような仕事をしたいかだけではなく、なぜしたいのか、希望する仕事をしてどうなりたいのかを尋ねることによって、社員と会社が折り合える点を見つけられます。そのための場としても１ｏｎ１は大切です。

2-2 1on1の効果

コミュニケーションをとるきっかけになる

前述した、経験学習を促進する、才能と情熱を解き放つ、というヤフーが1on1に取り組む理由のほかにも、1on1による効果はあります。効果の感じ方は人それぞれなので、経験していただくのがいちばんなのですが、誰もが感じることのできる効果は、コミュニケーションに関するものです。

まず、ヤフーが考えるコミュニケーションの定義について説明します。ヤフーでのコミュニケーションとは、**「自分の意図が相手に伝わって、相手が意図に沿って動いてくれること」**です。プライベートな関係でのコミュニケーションであれば「仲がよい」状況がコミュニケーションがとれていると考えても差し支えありませんが、私たちはビジネスの仲間として会社にいるので、仲がよいことをコミュニケーションがよいと言うことはできません。

今や、職場でのコミュニケーションを軽視している上司はいないでしょう。さまざまなコミュニケーションを通じて部下が何を考えているかを知り、自分の知見を彼らに継承させて、チームの業績を上げようとしているはずです。ただし、それを実現するのは難しい。

たとえば、部下を連れて飲みに行き、腹を割って話す飲みニケーションもコミュニケーションの一つでしょう。また、近年、コミュニケーションを活性化するために20〜30年前によく実施されていた運動会や社員旅行を復活する会社も少なくないと聞きます。しかし、ダイバーシティが進み、頻繁にこれらのイベントに参加することが困難な部下が少なくない現在は、このような「昭和」のコミュニケーションを強要するのも限界があります。

一方で、1on1は、業務として、定期的かつ対話に集中できる環境で、コミュニケーションを行います。話すべきことを、集中できる環境で話すことができる。これがポイントです。これまで「あの上司は忙しくて自分の個人的な相談をするのは気が引ける」と思っていた部下も、部下のことを知りたいと思っていた上司も気兼ねなく1on1をすることができます。

実は、これは制度導入当初には想定していなかった1on1の効果でもあります。社内調査の結果によると、現在、ヤフーでは全社員の9割が1〜2週間に1度の割合で1on1を行っていますが、これほど普及したのは会社が制度化したからというよりも、上司も部下もコミュニケーションをとりたいと思っていたが、きっかけがなかったという理由が大きいのではないかと思っています。コミュニケーションをとりたい上司と、話を聞いてほしい部下。互いの希望を叶えるのが1on1ということになります。

とくに、「気の合わない苦手な部下」や「苦手な上司」とのギャップを埋めるのに１ｏｎ１は効果的です。苦手な人とほどコミュニケーションを密にしなくてはいけない。そう頭ではわかっていても、気の合わない人とのコミュニケーションは避けたくなるのが人間です

だからこそ、１ｏｎ１という「制度」を活用すべきでしょう。「制度なのだから仕方がない」と、１ｏｎ１で部下と向き合うことを、仕事の一環として割り切ってとらえざるをえないからです。

実は、私にも同じような経験があります。今から数年前、仕事に対する価値観が異なる、どちらかというと苦手な部下Ａがいました。私が組織をうまくマネジメントするためには、部下Ａを外したほうがよいと助言する同僚も少なくありませんでした。しかし、私はそうはしたくなかった。当時、私の組織には１ｏｎ１の制度はありませんでしたが、自分の組織だけ１ｏｎ１を行いました。とくに、Ａさんとは、コミュニケーションの頻度を保つため、週1回のペースを維持しました。

最初の数カ月は、話す内容にも苦労しましたが、事前に話題を用意したり、普段からＡさんを観察するなどの準備を怠りませんでした。その結果、Ａさんとはよい関係を築くことができました。Ａさんは、ときにぶっきらぼうな態度を見せることがありましたが、１ｏｎ１を通じて、その価値観を知ることができたので、受け入れることができるようになりました。

１ｏｎ１を制度化したとき、当初はどれだけの人が１ｏｎ１を日常的な行動にしてくれるか、私には不安がありました。しかし、初めてみて数カ月で、大多数の社員が１ｏｎ１を定期的に実施してい

ました。これは、推進させるための複数の策を講じたことも背景にあると思いますが、コミュニケーションをとりたいけれど現実にはとりにくかった、という社員たちにとって、1on1がいい理由づけになったということでもあると思います。

次に上司と部下、それぞれの立場に立って、1on1の効果について考えます。

相談や評価をタイムリーに受けることができる（部下の視点）

1on1の効果はコミュニケーションであると書きましたが、コミュニケーションの内容も多種多様です。ここでは主に部下の立場に立って、1on1の効果について説明していきたいと思います。

かつての日本の組織は、上司＝管理職であり、現場仕事を持たず部下の管理を第一に考えるという時代がありました。管理職は部下を見渡せるような場所に自席を持ち、ほぼ一日中、席に座っているのが普通でした。しかし、今は違います。上司のほとんどは、プレイングマネジャーかマネージングプレーヤーであり、部下のことばかり考えていられないというのが現状でしょう。「僕の上司は忙しくて、いつも席にいない」「たまに席に座っていても、眉間にしわを寄せてキーボードを叩いていて、話しかけづらい」などというのは、ヤフーでも珍しいことではありません。

このような状況において1on1は業務についての相談の場になっています。1on1の本来の意味である「経験学習を促進させる」というヤフーが狙う効果とはやや離れますが、相談をしながら、上司が質問をしたり、部下の学びを聞いたりして「経験学習を促進させる」に結びつけることは可能ですし、仮に1 on 1が相談の場としてのみ活用されるものであったとしても、その場が部下にとって有意義であるならば、それでもよいと思っています。

加えて、目標管理制度（MBO）について、短い期間での中間評価をタイムリーにもらえる場となることも、部下から見た効果の一つです。今や多くの企業が人事評価として、MBOを導入していると思います。MBOでは、期初に目標を設定して、期末に設定した目標に対して評価を行いますが、期中には「このままだとAになりそうだ」とか「挽回しないとCになってしまうぞ」という中間評価を得る機会はなかなかありません。しかし1 on 1の場をうまく使うことによってタイムリーに途中経過を知ることもできます。このことをヤフーでは「**ラップタイムを測る**」という表現をすることがあります。ランナーのラップタイプをコーチが測って部下に伝える。そして選手とコーチ（部下と上司）がともにゴールを目指すようなイメージを持っています。

MBOの評価は受け取るタイミングが大切です。ラップタイプに気をとられすぎるのもよくありませんが、ゴールした後で「前半が悪かった」と言われても困るでしょう。その意味でも、1～2週間に1回の1 on 1は、ちょうどよいタイミングになっていると思います。

部下の情報を得ることができる（上司の視点）

次に、上司の視点から考えてみましょう。何度も繰り返しているように、１ｏｎ１は部下のために行うものです。しかし、副産物として上司が得られるメリットもあります。多くの上司が共通して言うメリットは、**「部下について、いろいろなことを知ることができる機会である」**ということです。

近年、部下に遠慮しすぎる管理職が増えているように思います。コミュニケーションが得意でない人が管理職になったり、年上の部下など接しにくい部下を持つことが増えたり、または、言い方一つでパワハラなどと指弾される可能性があり、その一線の見極めが難しいということもあるかもしれません。部下の時間を奪ってしまうことに罪悪感を持つ人も少なくありません。

しかし、１ｏｎ１を実施することで部下について多くの情報を得ることができます。たとえば、ヤフーには、１ｏｎ１のうちの数分を使って部下に質問をして、データベースをつくっている人もいます。データベースの内容は、趣味や家族構成などプライベートな質問から、「どのように褒められたいか」「注意されるときは、みんなの前がいいか、個別に呼び出される方がよいか」など、多様です。このように、部下についての有益な情報を蓄積しておけば、上司のマネジメントがうまくいく確率は上がります。

一般的には、プライバシーへの配慮から、部下の家族構成などについて質問するのは、好ましくないとされています。もちろん、部下が話したくないことを聞き出すのは、ハラスメントに該当することもあり、避けるべきです。しかし、部下がよいコンディションで、仕事に集中するためには、プライベートが安定していることも重要です。お子さんが受験だったり、ご家族に介護が必要な人がいる、パートナーに転勤の可能性があるなど、部下のモチベーションに影響を及ぼす可能性のあるできごとは、本人の同意の上で、把握しておくことは大切なことです。

また、1on1は回数を明確に可視化することができるので、上司が複数の部下と平等に接していることをメンバー全員で確認することもできます。部下が担当している業務や部下の性格、上司と部下の相性などの理由により、上司と部下とのコミュニケーションの頻度を同じようにすることは難しいものです。しかし、1on1を上司と部下のコミュニケーションの中心に据えて、その回数を同じにすれば、少なくとも、公式で定期的なコミュニケーションの場は、どの部下に対しても同じにすることができます。

加えて、1on1は部下のための時間ではありますが、そこで上司が示したビジョンや指示が部下にどれくらい浸透しているのかを把握することも可能ですし、部下の理解が異なる場合は、修正することもできます。

さらに、企業においては在宅勤務やフリーアドレスなどによって上司の近くに部下がいない状況が加速しています。このとき、上司はどのようにして部下の仕事ぶりや困っていることを把握すればよいのでしょうか。ヤフーは2016年10月から新オフィスに移行して、全館フリーアドレスを実現していますが、1on1はこのような新しい働き方をイメージして、数年前から実施してきた施策でもあります。

2-3 1on1の基本形

上司の応答によって部下の反応は変わる

ヤフーで1on1を導入した直接の理由は、経験から学び成長する「経験学習」のPDCAサイクルをより効率的にまわしたかったことにあると述べました。本来、内省は一人でもできるものです。しかし、語学の習得やダイエットでもすでに明らかなように、やろうと思えばできるということと、実際にやれるのとはまったく違います。

本章では、どのように「経験学習」のPDCAサイクルをより効率的にまわすのかについて、スクリプトを用いて、解説していきたいと思います。第1章のマンガより、もう少し詳しく、具体的にイメージしてみてください。

上司：今日は何を話そうか？
部下：A社に出す企画書のことなんですけど。
上司：うん。
部下：手がつかないんです。
上司：もう少し詳しく話をしてください。
部下：はい。A社への提案資料なんですけど、大きな提案に仕立てたいなと思っていて、だけど手がつかないんです。
上司：金額が大きな提案を考えているんだ。
部下：いや大きいというのは金額ではなくて、新しいというか、これまでにない提案をしたいとずっと思っていて。
上司：前から、これまでにない提案をしたいと思っていたんだ。なるほど。
部下：いえそんなたいしたことではないんですけど、そうしないとつまんないから。
上司：つまらない仕事なんてしたくない。
部下：そういうわけではないんですけど、やっぱり成長したいから。
上司：そうか、Bさん（部下）は仕事で成長したいと思っているんだ。
部下：はい、そう思います。

上司：うん（沈黙）。

部下：でも、現実はですね。そんなによい提案は思い浮かばない。

上司：そうかなあ。

部下：僕には能力がないから。

上司：Bさんは自分に能力がないと思っているんだ。

部下：そんなこと言っても仕方ないか（笑）。

上司：A社の企画書どうする？

部下：（少し考える）

上司：今決めなくてもいいけど。

部下：まずは書いてみようと思います。それでみんなに見てもらいます。

上司：ほう。いいね。

部下：はい。

上司：いつまでにやろうか？

部下：今週中には着手します。

上司：僕に手伝えることはある？

部下：来週中に一度見てもらえますか？

上司：よろこんで。

「今日は何を話そうか」

「今日は何を話そうか」という切り出しは、ヤフーの１ｏｎ１の考え方を表す象徴的な一言です。この切り出しの要諦は、部下がテーマを決めることです。なぜなら、１ｏｎ１は部下のために行うものであり、上司が聞きたいことを聞く場ではないからです。

この「１ｏｎ１は部下のために行う」を上司が理解できるかどうかが、１ｏｎ１の導入の成否を決定します。感覚的に言うと、管理職の9割はこのことを理解できません。１ｏｎ１導入事例の失敗の多くは、上司が１ｏｎ１をわかったつもりでも、実際には、上司が伝えたいことを伝える場になっているというパターンです。ここでボタンを掛け違えると、対話スキルのトレーニングをどれだけやっても効果は期待できません。

逆に、「１ｏｎ１は部下のために行う」を理解して、「今日は何を話そうか」という問いを、１ｏｎ１の初めに聞くことを習慣化すると、「何を話そうか」と尋ねられることを部下は認識するようになるので、あらかじめ話すテーマを探しておくようになります。つまり、当日その場で、ではなく、前もって経験学習でいう内省が始まる、ということです。

「もう少し詳しく話をしてください」

「もう少し詳しく話をしてください」という質問は、上司が詳しく聞きたいと思って言っているのではありません。部下が内省を深めるために、あえて投げかけた質問です。話すためには頭のなかを整理する必要があるので、「話してください」と言われると、部下は選んだテーマについて状況を頭に浮かべ、そのなかに登場する自分を客観的に見ることができます。その結果、内省が始まるのです。

ここでは、A社に出す企画書に手がつかないという語りを部下がどう認識しているかが重要です。「部下の頭のなかを整理するために、詳しく思い出させる」というのが上司の狙いです。

典型的な1 on 1の上司の失敗に、アドバイスをしようと思うがあまり、「どういうふうに進めたいの?」「誰かに相談した? それは誰?」などと、自分の理解のための質問をしてしまうことがあります。上司が自分の頭のなかに、部下と同じ状況をイメージしようとして、質問がしたくなる気持ちはわかります。しかし、それでは詰問になってしまいます。この傾向は部下思いの上司ほど顕著です。しかし、上司の思いに反して、それでは部下は育ちません。むしろ、そのような関係は部下の依存を強くするだけです。

このように、1 on 1でいう質問とは、上司が知らない情報を得るためにするものではありません。

部下の頭のなかの今まで動いていなかった一部分を動かすために言葉を投じることです。

「金額が大きな提案を考えているんだ」

このスクリプトでは、上司は部下の言う「大きな提案」をハッキリさせようとしています。部下のなかに、大きな提案に対する思いが強くあるのだろう、というのが上司の仮説です。しかし、それはまだあいまいで、かかわる人が多いという意味での大きな提案なのか、金額が多いという意味での大きな提案なのか、野望が大きいという意味なのか、まだ部下本人もわかっていません。

そこで、わざと「金額が大きな提案」という言葉を使いました「大きな提案」を具体的な像にするために、「金額が大きい」と一歩踏み込んで、部下が言っていない言葉で補足しています。あえて、極端に言ってみるのがコツです。

上司の問いに対して、部下は「これまでにない提案」と応答しています。ここで、考えが少しハッキリしてきました。

ここで強調したいのは、「これまでにない提案」という部下の応答は、「金額が大きな提案を考えているんだ」という質問によってクリアになった像であるということです。上司の気持ちを考えれば、部下の「大きな提案」を「金額が大きな提案」と言い換えるのは、的を外しているかもしれない質問を投げかけることになるので、慣れないと勇気を必要とする質問でしょう。しかしあえて、「金額が大きな提案」と質問したことによって、部下は「これまでにない提案」へと一歩踏み込んだ言葉に置き換えることができています。これは1on1で重要な応答です。

「なるほど」

上司は、「これまでにない提案」と確認した上で、「なるほど」とニュートラルに返しています。ここで上司は、部下が「これまでにない提案」と言ったことにより、「大きいことを言う奴だ」とか「生意気」と思われたくないという気持ちを察しました。そのため「なるほど」と言って、部下の言葉を肯定しています。

本書では何回かふれますが、上司と部下で1on1を行うことは、効果的である一方留意しなければならないことも少なくありません。

この応答で部下は、「これまでにない提案」と言ったものの、上司から「あなたには無理だ」とか「これまでにない提案なんて風呂敷を拡げずに確実な提案をするべきだ」と言われるのではないかと思ったかもしれません。上司の前で話をする部下は、いつも上司から〝評価〟される、と思い込んでいるからです。上司は部下のそのような気持ちを察して、あえて「なるほど」とニュートラルに返答しています。

ここで、いくつか不適切な例を挙げてみましょう。

部下：いや大きいというのは金額ではなくて、新しいというか、これまでにない提案をしたいとずっと思っていて。

上司：そんなこと考えているから、企画書が手につかないんだよ。早く手を動かせよ。

部下：いや大きいというのは金額ではなくて、新しいというか、これまでにない提案をしたいとずっと思っていて。

上司：A社はそんなの求めていないと思うけど。

右のような会話はどこでも聞かれるのではないでしょうか？

上司が言っていることは事実かもしれませんが、これまでにない企画書を書きたいと思っている社員に、このような声かけをして、部下は成長するのでしょうか。それ以前に、部下がよい提案書をつくるための後押しになるでしょうか。お伝えしたいのは、１ｏｎ１においては部下が思っている通り、「しゃべっていいんだ」という気持ちで自由に話をしてもらうことが大切だということです。

「そうしないとつまんないから」

「そうしないとつまんない」。部下の信念を表すかもしれない言葉が出てきました。上司は「つまらない仕事はしたくない」とキーワードを繰り返して、部下がどう対応するか確認しようとしています。「つまらない仕事はしたくない」は本当に信念なのか。もしくは思わず口をついて出ただけで、実際には違うのか？　または、部下は「つまらない仕事はしたくない」と発話してはみたものの、自分が考えていることは違う（言ってはみたがしっくりこない）と感じたかもしれません。

すると部下は「そういうわけではないんですけど、やっぱり成長したいから」と応答してきました。なるほど、部下の信念は「仕事で成長したい」でした。上司はさらに確認するために「Bさんは、仕事で成長したいと思っているんだ」と確認しています。

上司はここで初めて「Bさんは」と主語を明らかにしています。日本語での会話は、主語を省略することが多いので、カギとなるセンテンスでは、あえて主語を明確にすることによって、それが部下の本音なのかどうかを確認しています。「Bさんは仕事で成長したいと思っているんだ」。これは、これまでの応答と比較して部下の信念を確認する強い意味を持つセンテンスになっています。

「　　うん（沈黙）　　」

「はい、そう思います」という部下の応答に対して、上司は「うん」と、ここでもニュートラルに答えて、その後沈黙しています。ここでは上司は、部下が考えて、次に何を言うかを待っています。ここはポイントです。

ここで上司は、「だから、こういうふうにしたいんだね」「大きなプロジェクトをしたいんだね」と言いたくなります。しかし、すでに部下の「仕事で成長したい」という信念が明らかになりました。そして今、部下は自分の気持ちに向き合って何かを考えています。このようなときに、上司が助け船を出してしまうと、依存関係が生じてしまいます。

この対話で、上司は部下のBさんに仕事で成長してもらうために、自分で考えて行動を決めて、失敗でも成功でもいいからチャレンジしてほしいと思っています。だから、ここでは部下が言葉を考えて発するまで「うん」などと相槌を打ちながら、自ら言葉を発することを我慢しているのです。

「僕には能力がないから」

部下の「僕には能力がないから」は、自己評価と「そんなことはないよ」と言ってもらいたい気持ちが入り混じっているように聞こえます。

そこで上司は、「Bさんは自分に能力がないと思っているんだ」とニュートラルに応答しています。その言葉を聞いて、部下も気持ちを切り替えて「そんなこと言っても仕方ないか（笑）」と反応しています。１ｏｎ１の理想的な展開です。

仮に、ここで上司が「そんなことはないよ」などと言ったとすると、部下にとってはうっすらと期待していたメッセージをもらえたことでホッと満足してしまい、思考はそこで止まります。深まることはありません。

上司のニュートラルな応答によって、思考は深まります。部下は「A社の提案資料が手につかない」という事例から、自分には能力がないと思い込んでいるから手がつかないんだという自分の内面に気づきます（内省）。しかし、そんなことを言っていても何も仕方ないと気づく（概念化・教訓化）ことができました。

「A社の提案書どうする？」

上司は、部下の教訓化ができたところで、すかさず次の行動に話を移します。「A社の提案書どうする？」と尋ねて、部下のコミットを引き出そうとしています。部下はここでも思考をめぐらしますが、上司は部下の答えを急ぎません。「今決めなくてもいいけど」とニュートラルな答えを返しています。

その結果、部下は「まずは書いてみようと思います」と行動を宣言しています。

「いつまでにやろうか？　僕に手伝えることはある？」

上司は、部下の行動宣言を確かなものにするために二つの問いかけをしています。

「いつまでにやろうか？」は、行動に日付を入れることをうながすもので、部下の上司に対するコミットメントを引き出します。

他方「僕に手伝えることはある？」もコミットメントを誘発します。上司に手伝ってもらったら部下としても、やらないわけにはいきません。また、上司としても部下の宣言に協力できれば理想でしょう。

コラム

第2章では、ヤフーが1 on 1を導入した背景について述べた上で、スクリプトをもとに、1 on 1の意図についてふれてきました。こう書いていくと、ヤフーでは問題なく、1 on 1が受け入られたように思われるかもしれませんが、そのようなことはありません。その代表例として、ヤフーの幹部社員が1 on 1をどのように見てきたのか、紹介してみたいと思います。

初めは1 on 1に懐疑的だった

——やる前は、どう思っていたか

香川仁・バリューコマース 代表取締役社長 最高経営責任者

ヤフーで1 on 1が始まったとき、私は同社の広告部門で商品企画の責任者でした。ヤフーとしては次の成長を模索していた時期だったと思います。

本間さんのことは知っていたし、何をしようとしているかも、わかっているつもりでいました。

2012年の体制変更で本間さんが人事本部長になり、本間さんを知る人たちはみんな拍手していました。それだけ社内に閉塞感があった、ということでもあるし、FACEBOOKやLINEといった新しいイノベーションが次々に起こるなかで、とり残されそうだ、という危機感もあったのでしょう。

本間さんがさまざまな制度を新設するなかで、私は個人的にも付き合いがあり、支えたい、という気持ちはありましたが、思いと行動が必ずしもリンクしていたわけではありませんでした。

〝1on1ミーティング〟について、本間さんはたぶん綿密に計画を進めたのだと思います。旧メディア事業部で半年ぐらい試行を重ねたはずです。

私は1on1は、やった方がいいんだろうなと思ってはいたものの、どちらかと言えば否定的でした。興味半分、お手並み拝見、という感じだったでしょうか。コミュニケーションの重要性はわかりますが、ほかに緊急性の高い仕事があるし、時間もなかなか確保できない。部下とのコミュニケーションを重視し、そして業績も伸ばしてきたという自負がある人ほど、それまでのやり方を否定されたように感じたのではないかとも思います。

だから、1on1は仕方なく始めた、というのが正直なところです。毎週1回30分は無理だったので、もう少し緩いスケジュールにしました。それでも最初は、何を話していいかわかりませんでした。

――やってみてどうだったか

懐疑的だった考えが変わったのは、回数をこなしてからです。部下の知らなかった一面が見えてきて、「ああ、これなのか」という感覚がありました。

それまでも部下とのコミュニケーションはとってきたつもりでしたが、ある人とはたっぷり時間をかけ、別の人とはほとんど話さないという偏りがあったこともわかってきました。

ただ、傾聴することは、とても難しいものです。上司は自分の考えを持っているので、ついそれを口にしてしまいます。部下もそれを知っていて、「自分の意見を言っても意味がないな」と思いがちです。だから1on1が始まってからは、会議の場でも部下に話してもらうよう試みました。

すると、それまではあまり意見を言わなかった人も「○○の仕事がしたい」などと言うようになってきたのです。「この人は、こんなことを考えていたのか」と驚いたこともあります。先々のキャリアについても、いわゆる〝できる部下〟のことは把握していましたが、全員に聞くことはしてきませんでした。1 on 1によってそれを聞くことができ、部下の新しい側面を知ることができました。

部下の立場で言うと、仕事が変わったときに1 on 1の威力を実感しました。経営体制が変わり、私の職掌も、慣れた広告企画からデータアナリシスに変わり、経験がリセットされたのです。新しい上司は、また別の部門の出身で、お互いに持っている仕事の基礎が違っていました。そこでとりあえずやってみようと始めた1 on 1は、お互いを知るために大いに役立ちました。私はその後、バリューコマースへ移ったので、この上司とは9カ月間しか一緒に仕事をしなかったのですが、忙しいなかでも時間を割き「やれって言われているから仕方ないよね」などと言いながらも、しっかり向き合ってくれる姿は、私も見習わなくてはならないと思いました。

――バリューコマースに移ってから

2013年に副社長としてバリューコマースへ移りました。一人きりでの異動で、社内に誰も知っている人がいなかったので、全員と1 on 1をやってみました。2014年に社長に就任してからは、1 on 1を制度化しました。管理職からは、2012年に私自身がそう感じたように、忙しいからできない、という声も上がりましたが、「毎週とは言わないから、やろう」ということで始めました。管理職層には、管理職同士でピア・コーチング[2]をローテーションで1年やりました。それまでは横のつながりがあまりなかったので、これはいい刺激にもなったようです。

バリューコマースの社員数は約300人で、ヤフーの約6000人と比べると小さい規模です。だから何とかなるだろうと思っていましたが、小さいがゆえの難しさもあります。ある時間帯に、6000人中の1割が1 on 1をしても5400人で業務をまわせるでしょうが、300人中30人が業務を離れるのはなかなか厳しい、というようなことです。

それでも、苦しいけれど楽しい。これが現状でのバリューコマースで2年間1 on 1を実践してみての感想です。コミュニケーションが、あるいはフィードバックが役に立ったとか、いいことが起きた、俺は成長した、という事例が出るといいと思います。部の雰囲気が変わった、ということでもいい。そのためのカギは、やはりフィードバックだろうと思っています。

スタッフはどう見ているか

山田健吾・バリューコマース コーポレート本部人事チーム　チームリーダー

香川さんがヤフーから来て、全員と1 on 1をやりましたが、これは衝撃でした。経営者に自分の話を聞いてもらえるのは、皆無とは言いませんが、滅多にない経験です。それも私の話を、メモを取りながら聞いてくれたのです。

今、人事チームとして1 on 1を定着させようとしていますが、総じて好評です。私自身、今まで話す機会がなかったエンジニアの管理職と1 on 1をやって、お互いにマネジメント上の気づきがありましたし、とても刺激になりました。

まだスタートから2年ですが、定着させたいと思っています。

2 2人一組で互いにコーチングし合う練習方法。

2-4

対談……❶

中原淳・東京大学大学総合教育研究センター准教授に聞く

対話とは相手の背後にある前提を探り合うこと

なかはら・じゅん　北海道旭川市生まれ。東京大学 大学総合教育研究センター 准教授。東京大学教育学部卒業、大阪大学大学院 人間科学研究科、メディア教育開発センター（現・放送大学）、米国・マサチューセッツ工科大学客員研究員等を経て、2006年より現職。専門は人的資源開発論・経営学習論。単著（専門書）に『職場学習論』（東京大学出版会）、『経営学習論』（同）。一般書に『研修開発入門』（ダイヤモンド社）、『アルバイト・パート採用育成入門』（同）、『フィードバック入門』（PHPビジネス新書）など。他共編著多数。研究の詳細は、Blog：NAKAHARA-LAB.NET（http://www.nakahara-lab.net/）。

中原淳さんは、「大人の学びを科学する」をテーマに、企業・組織における人々の学習・成長・コミュニケーション・リーダーシップについて研究している人材開発の研究者です。私にとっては「師」というべき存在で、慶應丸の内シティキャンパス（慶應ＭＣＣ）で、先生の講座「ラーニングイノベーション論」を受講したことをきっかけに親しくさせていただいています。２０１６年には『会社の中はジレンマだらけ』（光文社新書）という本を共著で出版しました。

１ｏｎ１を進める私たちの考えは、人は誰でも自ら考えて行動し、それを振り返ることで成長することができる、ということを基本にしています。それは近年の人材開発研究の知見に沿ったものであり、先生に教えてもらったことの一つです。１ｏｎ１は、中原さんが専門とする、人材開発論（人的資源開発論）のなかでどのように位置づけられ、意味づけられるのか。そのことをじっくり聞き、話し合ってみました。

＊＊＊

叱れない人が増えているからこそフィードバックの機会は持たなくてはいけない

本間　ヤフーでは、１ｏｎ１を人材育成の手法として重要視しています。一方、中原先生は、

1on1について研究者として興味をお持ちなだけでなく、自分の研究部門で、十数名のスタッフに対して1on1の制度を導入されているそうですが、そもそもなぜ、1on1に興味を持たれたんですか。

中原　理由はいくつかあります。まず、1on1には、経験学習、フィードバック、コーチングという人材育成のあらゆる手法が関係していますよね。だから人材開発の研究者としては、これに興味を持ちます。

本間　はい。

中原　経験学習とは、座学ではなく経験から何かを学ぶという考え方です。ヤフーさんでは、経験学習をまわすための「エンジン（駆動力）」として、1on1が機能しているようで興味を持ちました。また、やはりわが研究部門でも、研究員他のメンバーには、経験からたくさん学びを得てほしいのです。だから、実践者としても、1on1には興味を持ちました。

本間　中原さんの部門でやられている1on1では、フィードバックやコーチングもなさるのですか？

中原　はい。まず、フィードバックとは「耳の痛いことを告げて、部下を立て直す（コーチングする）ための技術」です。人は仕事の上で成長するときに、フィードバックを必要とする場合が少なくないものです。フィードバックは、「受ける側」にとっては耳の痛いことですが、告げる側にとっても、またつらいことです。最近、叱れない人が増えているとよく聞きますが、それでは部下の成長は望めません。私は自部門の誰であっても、期待を持っている限り、言うべきことはしっかりと言います。そういうところは、本気で腹をくくっています。

本間　なるほど。

中原　学びとは人間にとって「新たな意味の発見」であり、「知的興奮」や「楽しみ」を感じる瞬間である一方、そうでない場合もあるのです。とりわけ、大人の学びはそうです。大人の学びとは「痛み」や「違和感」を伴うことがあります。１ｏｎ１も、毎回痛みがあってはやっていられませんが、必要な「痛み」が伴う場合もあるでしょう。そういう学びの仕掛けとしても面白いと思います。

本間　大人の学びは「痛み」が伴う、は先生がよくおっしゃるセリフですね。

中原　そうです。次に、コーチングについては、フィードバックにも強く関連します。人間は、耳の痛いことばかり言われても、変われません。なので、もしも本当に変わりたいのなら「あなたの立て直しに付き合うよ」「サポートするよ」とどこかで言ってあげないとならないと思うんです。それがコーチングです。コーチングとは、相手本位の立場で、相手がどのようなものを目指すのかを、折にふれて思い出させたり、振り返らせたり、新たなアクションプランをつくったりするお手伝いをすることです。それが１ｏｎ１でできるなら、これもまた面白いと思いました。

さらに言うと、ヤフーは１ｏｎ１をするために、研修はするわアセスメントをするわで、ブラックボックス化せずに運営しようとしているので、そこにも興味があります。

本間　アセスメントというのは、行った１ｏｎ１を、部下側の視点から評価する１ｏｎ１チェックのことですね。

中原　そうです。こういうものがないと、現場では、もれなく１ｏｎ１は形骸化するリスクが高まると思うんです。なぜなら、多くの１ｏｎ１は「上司―部下」という「ブラックボックス」のなかで実践されるからです。上司のなかには、やっていないのにやったことにしてしまう人もいると思うんです。

前著『会社の中はジレンマだらけ』でも申し上げましたが、本間さんの人材マネジメントは「人を信じて、人を信じず」というところが興味深いですね。これは褒め言葉として申し上げています。本間さんは、人事の担当者として、まず「人の力を引き出すこと」を信じている。だから、御社においても、１ｏｎ１を実践された。ヤフー本社のように６０００人規模の会社で、これを実践するのは、並大抵の苦労ではないと思います。本間さんのもとで、１ｏｎ１を動かしていらっしゃる人事パーソン、現場マネジャーのみなさんにも、お疲れさまと言いたいですね。しかし、同時に人にまつわることには、さまざまな怠慢やエラーが起こりうる。

これを本間さんはしっかりと見抜いている。別の言葉で言えば「人を信じすぎない仕組み」を「人を信じる施策」に重ねている。だから「人を信じて、人を信ぜず」です。そういうところが面白いなと思っているんです。

本間　確かにそういうところもあるかもしれません。ところで、1on1を中原さんが、ご自身の研究部門でもやってみようと思われたのはなぜですか。

中原　やっぱり自分が人材開発を専門にしているところは大きいですよね。私は研究者ですけれども、机上の空論だけの研究者にはなりたくないんです。だから、私は、あらゆる人材開発手法を、実践者としても、実践します。1on1に関しても、本間さんから話を聴いたり、研究するだけでなく、自分も実践してみたいのです。

上司の前で話をすることは、座学で学ぶよりも学びを深められる

本間　ヤフーで曲がりなりにも1on1が浸透しつつあるのは、それを制度にして、「やらないと怒られそうだから」「評価を下げられそうだから」という雰囲気にできたことと、「仕方ないからやろう」と続けてきたことが理由かなと思っています。

中原　1on1はある種の言い訳ですよね。もしもこれが制度化されていなかったら、上司

が部下を「君、ちょっと」なんて呼び出して2人で話をしていたら、部署で噂になるでしょう。「何か込み入った話をしているようだ」と。ひそひそと噂になるかもしれない。

本間　確かにそうですね。

中原　「やった方がよいこと」は「やることになっている」方が楽なんですよ。ただ、制度を決める人事の人は「なんでこんなことを」とも言われるのでちょっとつらいかも知れませんが。でも、会社の人は、現場の人も、経営者の人も、誰もが短期思考になってしまいがちですよね。「今期の売り上げは…」「今をしのげば…」とみんなが思っている。対して、人事の仕事は、中長期の視野に立って、現場の課題解決に資することですから、現場の耳に声を傾けつつも、やらなければならないことは自信を持ってやっていくべきだと思います。現場からの評判ばかりを気にしてやるべきことをやらないというのは困りますよね。

本間　私が1on1を推し進める理由の一つに、上司の前で話をすることは、座学で学ぶよりも学びを深められるのではないかと思っているのがあります。

中原　話すというのは、認知的負荷の大きな行為です。それゆえに、それが成し遂げられた場合には、そこからの学びは大きいものがあります。ただ、それが可能になるためには、いくつかの条件が必要です。その最たるものは「心理的安全」でしょう。「本音を話しても、刺されない」とか、それを支えるための「雰囲気」や「構え」ができていなければなりません。

本間　話してもらえないのは、聞く側の問題なんですね。そういう雰囲気や構えを上司が持てているかどうか。

ビジネスパーソンは「私」を主語にして語るのが苦手

中原　１ｏｎ１は「仕事の上での成長を目指した上司と部下との対話」でもありますよね。私は２０００年ごろにこの分野の研究を始めたのですが、さまざまな研修やビジネスのミーティングに参加させてもらって、ビジネスパーソンの用いる言語や会話にとても興味を持ちました。痛感したのは、「対話」があまり上手ではないビジネスパーソンの姿です。対話とは「私」と相手が違うことを前提にして、率直に、意見を交し合い、お互いの寄って立つ前提や考えを探り合うような会話です。

本間　ビジネスパーソンは、それが苦手ですね。

中原　まず思ったのは、「ビジネスパーソンって、こんなにできごとを振り返り、プロセスを語るのが苦手なのか」ということです。結論は素早く言えるし、箇条書きにまとめることも得意なんだけれど、「そのときにどんなことを考えていましたか」といった問いに答えるのに、苦しんでいるんです。

本間　具体的にはどういうことですか？

中原　たとえば「部下育成がうまくいかない」という人がいて、「あなたは、部下のどんな行動やどんな言動が頼りなく感じるのですか？　それを思ったときのことを思い出してください」というと、口籠もる人が多いのです。「いや、A君は仕事ができないんだ！」と繰り返し、述べ続ける。

本間　それわかります。そうなんですよね。ビジネスパーソンは、部下をちゃんと見ていないし、見ていても、それを言葉にできないから、部下育成ができない。

中原　ビジネスパーソンは「そのときに、どんな人がどんなことを言って、あなたはどんなふうに感じて、それでどうなったんですか」という問いに、ちゃんと答えるのが苦手なんです。プロセスをしっかりと見たり、話したりすること。箇条書きで「くくったり」「まとめたり」しないで語ることが、とっても苦手のように思えます。

本間　それはよくわかります。

中原　「そんなこと話して何になるんですか」と言われたこともありますし、なんでそんなことを聞くんだと怪訝な顔をされたこともあります。

本間　そうですね。

中原　あと、もう一つビジネスパーソンが苦手なことがあります。それは「私を主語にして語ること」です。ビジネスパーソンのなかには、「一人称の語り」が苦手なことが多い印象ですが、いかがでしょうか。

本間　はい。

中原　「市場はこう言っている」とか「会社としてはこうすべきである」とかは言えるんだけれど、「私自身はこう思う」「私はこうしたい」が言えないんです。だからこちらが「あなたはどうしたいんですか」と聞くと「私の意見は大事じゃない」と言う。主観よりも客観が大切だと思っているんでしょうね。

本間　でも、本当は主観こそ大事ですよね。仕事で何をしたいのか、今後どう生きていきたいのかの主語はすべて「私」であるはずなので。

中原　そこがはっきりしないと、仕事へのモチベーションは持てないでしょう。

本間　そうですね、給与がものすごく上がるというなら話は別ですが。

中原　ヤフーでは「私」で話してもらうために何か工夫していますか。

本間　とにかく傾聴ですね。それから「私」で話したときに否定しない。褒める必要は必ずしもないけれど。

中原　なるほど。

本間　以前、中原先生にコミュニケーションを深めるために必要なのは、ディスカッション（議論）ではなくダイアログ（対話）だと教えていただいたことがあります。そのとき中原先生は、ディスカッションの目的は相手を打ち負かすことだと教えてくれました。

中原　もちろん、ビジネスでは意思決定が重要ですので、決めるときには「議論」が必要です。しかし、もう一方で、効果的な意思決定を行うためには、相手の考えの背景や前提を探ることが重要なのです。相手が何を思っていて、真意は何かを探す対話は必要だと思っています。

本間　1on1も対話に含まれますか？

中原　はい。1on1も対話的なプロセスですし、そもそもが部下育成は対話的プロセスです。

本間　ヤフーに1on1が浸透しきらないのは、それが対話であるというメッセージが足りていないんだなと今、発見しました。

ヤフーが1on1に合った会社だと思ったことはない

中原　でも、1on1を現場に根づかせるのは本当に大変だったのではないでしょうか。現場には、さまざまな考えを持ったマネジャーがいらっしゃいますし、人事も何を言われるかわからない。ヤフーの場合は、もともと、1on1が根づくためのカルチャーがあったのでしょうか。

本間　私は、ヤフーが１ｏｎ１に合った会社だと思っていたわけではないですよ。だからこそ、人事制度と絡めて、しっかり根づくようにしているんです。

中原　会社の人事制度は大ざっぱに「青臭い系の人事制度（人間の成長、その可能性を伸ばすための制度＝人材開発）」と「血なまぐさい系の人事制度（性悪説の観点に立って、人間を管理するための制度）」に分けられますが、１ｏｎ１は、どう考えても、「青臭い系の人事制度」ですよね。でも、その青臭い系を推し進めるためには、「血なまぐさい系の厳しい制度」も同時に必要です。

本間　そうですね。ところで、中原さんの研究部門と１ｏｎ１は合っているんですか？

中原　うちの部門はメンバーの平均年齢が30代前半で、若いんですよ。そして、これから大きくキャリアを拓く前の人が多い。だから、１ｏｎ１は合ってますね。私の研究部門で修業を積んで、大学の助教や講師になって巣立っていきます。毎回の１ｏｎ１がキャリア相談になることはないとは思いますが、そうした会話を折にふれてやってもらいたいと思っていますね。

本間　もう、１ｏｎ１を1年くらい続けていますよね。飽きっぽいというと叱られそうですが、でも、中原先生はいろいろとやってみて、効果が得られなかったら、どんどんやめていきますよね。なぜ１ｏｎ１は続けているんですか。

中原　効果があるからですね。

本間　どういうことですか？

中原　まず、キャリアという点で言うと、メンバーの中には、次のチャンスを見つけられた人が、少なくない数います。これが１ｏｎ１だけによってもたらされたものだとは言いませんが、そうしたことを粘り強くやっていくことは重要なのではないでしょうか。加えて、１ｏｎ１では、職場のちょっとしたトラブルや人間関係のことも、さまざまなかたちで情報を収集できます。これがマネジメントに与える影響は大きいのです。職場で起こっているさまざまなできごとやちょっとしたトラブルを、マネジャー自身がわかっているから、あとになって炎上化してしまうようなやっかいなことを、事前にモグラ叩きできるわけです。職場自身を「ヘルシー」に保つためにも、１ｏｎ１は重要です。

「これからの作戦会議」の割合を高めたい

本間　中原先生の場合は、具体的にはどうやって１ｏｎ１を進めていますか。

中原　１年以上前から、メンバーや僕自身のスケジュールを合わせてしまいます。１ｏｎ１のようなものは、放っておけば、すぐに「後まわし」にされますので、年間スケジュールをまずつくります。その上で、毎月毎月、その意義をメンバーには伝えます。何のためにやるのか？どんな話をしてほしいのかは、全員の会議で、きちんと説明するようにしています。

本間　メンバーには何と伝えるんですか？
中原　職場で今起こっていることを話してほしい。あとは、中長期にキャリアのことを話してほしい、と言います。要するに、一歩立ち止まって、「これからの作戦会議」をしてほしい、ということですね。
本間　それ、いいですね。ヤフーもできるだけこれからの作戦会議の割合を高めていきたいんですよ。どうしても進捗確認に終始しがちなので。
中原　こちら側から明確にメッセージを出す必要がありますよね。1on1を長く続ければ続けるほど、その効果を感じ、期待する人も出てきます。そして一方で、こんなもの不要だと思う人も出てくる。でも、こちらとしてはやり続けることに意味があって、そのことの重要性を常に訴え続けること、繰り返し伝えることに意味があるのではないでしょうか。
本間　そうですね。ほかに、中原先生なりの工夫はありますか。
中原　自分が1on1を担当した人に関しては、一人一人カルテをつけています。
本間　えーっ。それは、何を言ったかとか、何を言われたかとか？
中原　まあ、3〜4行ですけど。ヤフーではどうなんですか？
本間　書いている人もいます。ただし、メモをとることに一生懸命になってしまうのも困るんですよね。1on1は部下のために行うものですから。

第２章 まとめ
Summary Chapter 2

▩１on１は、社員の経験学習を促進し、社員の才能と情熱を解き放つことで成長させることを目的とする、人材育成のツールである。

▩１on１によって、「具体的経験→内省（振り返る）→持論化（教訓を引き出す）→新しい状況への応用（持論・教訓を活かす）」という「経験学習」のサイクルが回り、成長に寄与する。

▩社員の「才能と情熱を解き放つ」ためには、①いろいろな仕事を経験して、②上司や職場の仲間から観察してもらい、③経験を振り返りながら自分の職業観について考えることが大切である。

▩ヤフーではコミュニケーションとは、「自分の意図が相手に伝わって、相手が意図に沿って動いてくれること」と定義する。１on１は、業務として、定期的かつ対話に集中できる環境でコミュニケーションを行うため、部下にとっては相談や評価をタイムリーに受けることができ、上司は部下について多くの情報を得ることができる。

Scenery of 1on1……②

[上司]

加納美幸さん

(コーポレート統括本部　コーポレートコミュニケーション本部長：右)

1on1は部署の関係性を作るのに有効だと思います。組織改編や転出入が多く、スペシャリスト集団的な会社であればあるほど、社員はお互いのことを知らないので1on1でコミュニケーションを深めた方がいいのではないでしょうか。

部長からはメンバーや組織に関する話題、その下のメンバーからはキャリアの話題が出ることが多いですね。人材育成は一人でなくマネジメントみんなで行うものです。1on1の内容は部長陣とシェアします。共通認識があるので、部署をローテーションするときにも有効です。

1on1で自分が組織の課題に気づくこともあるし、直ではなく斜めでフィードバックすることもできる。それが組織に成果を出す最良の方法だと思っています。

私は「社内コーチ」ですが、トレーニングを受けて感じたことは、互いの関係性ができていない部署にとても有効だということです。1on1があることで、日々の細かい指示がなくても、誰かがいつも見守ってくれている、応援してくれているという安心した気持ちになれると感じています。

[部下]

佐藤正憲さん(左)

私自身が押しつけられるのが好きではないので、上司の立場のときは部下には話したいことを話してもらえるようにしています。そうすると、実際、人によって話したい内容が違うことに気がつきます。元々かしこまって一対一で話すより、みんなで楽しくとか、ご飯行こうよというのが私のスタイルだったのですが、それでは話しづらい人もいるし、ふさわしくないテーマもあります。

1on1をやれと最初に言われたときは「え?」と思いましたが、やっていると気づきがあります。仕事のことをきちんと相談できる場が用意されていると、話すことを準備するようになる。それがメリットです。

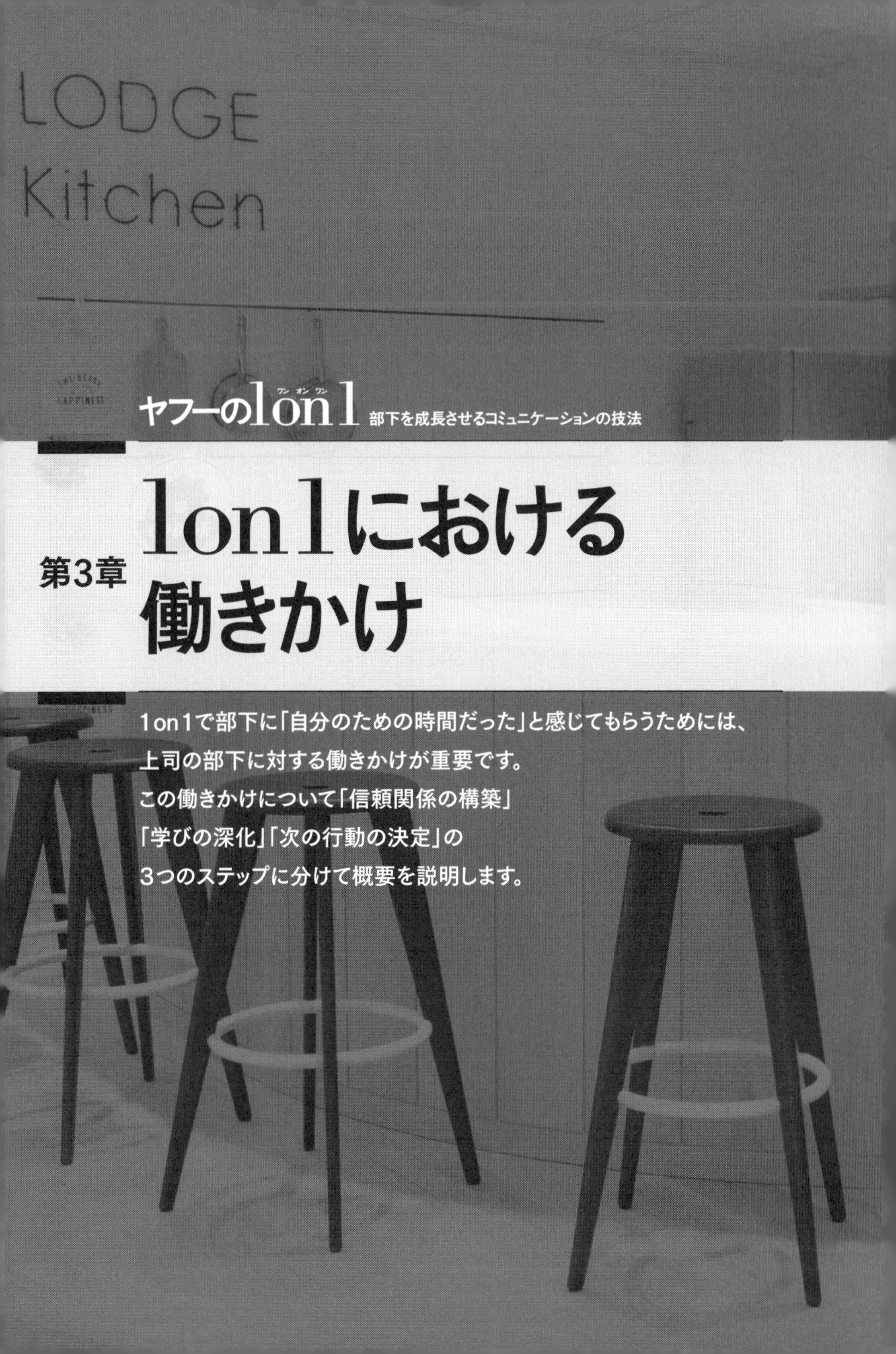

第3章 1on1における働きかけ

1on1で部下に「自分のための時間だった」と感じてもらうためには、
上司の部下に対する働きかけが重要です。
この働きかけについて「信頼関係の構築」
「学びの深化」「次の行動の決定」の
3つのステップに分けて概要を説明します。

3-1 信頼関係の構築

部下が上司に忌憚なく話すための条件

私が大学院でカウンセリング心理学を学んでいたときのことです。私たちは、カウンセリングの理論を苦労して学び練習してやっと応答技法を身に着けるのに、生まれ持った聞き上手っているよね、という話になりました。そのような話をすると必ず出てくるのは、明石家さんまさんでした。

当時、さんまさんが司会になって、タレントや一般参加者と対話する番組がたくさんあったので、大学院生たちとさんまさんの応答を分析したこともありますが、自然と応答の土台ができているな、と思いました。ご本人に確認したことはありませんが、さんまさんがカウンセリング心理学を勉強されたことはないと思います。しかし、さんまさんと話をしていると、人は思いもしなかったことを話してしまいます。さんまさんに限らず、みなさんのまわりにも、このような聞き上手がいるのではないでしょうか。

聞き上手の共通点。それは、高等技術というよりも、うなずきや相槌、そして体の向きや姿勢といった基本的な要素であると思います。1on1でも、同じようなことが言えます。質問やフィードバックなど、積極的な働きかけをしなくても、部下が話しやすいような雰囲気をつくることができる人はいます。そのような上司と1on1をすると、部下はいつの間にか、思ってもいないことを話すようになり、上司からヒントをもらわなくても、話しながら自分で答えを出したり、納得したりして満足して1on1を終えていく。つまり、相手に安心感を与える動作を駆使することによって、話しやすい雰囲気や、上司と部下との信頼関係を構築することができているのだと思います。

言い換えると、**上司と部下との信頼関係が1on1のベースであり、まずは信頼関係を構築することから始める**必要があります。

ここで一つ大切なポイントがあります。本書で再三ふれているようにヤフーの1on1は、上司と部下という、本来であればコーチングやカウンセリングを行いづらい関係で行われるということです。ヤフーの1on1のスクリプトを見ると、コーチングやカウンセリングに似ていることに気づきます。しかし、コーチングやカウンセリングと1on1には大きな違いがあります。それは、コーチングやカウンセリングが業務上の関係を持たない、プロフェッショナルとクライアントとの間で行われるのに対して、1on1が上司と部下の関係で行われるという違いです。

一般的にコーチングやカウンセリングでは、個人的な悩みなど周囲には知られたくない話題が飛び出すことがあります。そのため、コーチやカウンセラーには守秘義務が求められます。また、日常とは切り離された関係を用意することで、ある種の安心を意図的につくり出しています。職場の同僚や知人、家族などに対して、コーチングやカウンセリングを行うことは望ましくないとされている理由がそこにあります。

一方で、上司と部下との間で1 on 1を行うことは、前述のようなデメリットもありますが、職場で自分のことを見てくれている上司だからこその助言やフィードバックを得ることもできます。前章で述べた通り、ヤフーの1 on 1の目的は、「社員の才能と情熱を解き放つ」であり、その目的に立つと、上司と部下との間で1 on 1を行うことは理にかなっているところもあると私たちは考えています。

ただし、同時に注意も必要です。ヤフーに限らず、上司は人事権を持っており、部下に権力を行使しうる強い立場にあります。そのため、部下は言いたいことをすべて上司に話せるかというと、そうではないはずです。たとえば、短期的な目標達成が最重要と考えている上司に対して、部下が人材育成など長期的な目標について忌憚なく語るためには、上司との間に信頼関係が構築されていることが不可欠となります。

信頼は「信じて頼る」と書きますが、信じることも頼ることも、言葉にしたり態度に出したりして相手に伝えないと意味はありません。信頼関係は1 on 1の土台であり、OS（オペレーションシステム）

のようなもので、それらがしっかりしていないと、どのような対話の技術を試しても、うまくいきません。信頼関係を構築するには、「君を信頼しているよ」と言葉にすることだけでも効果がありますが、応答技法を使うことによって、さらに成果を期待できます。

上司と部下との信頼関係は１ｏｎ１の場だけでなく、業務全般を通じて構築されるものですが、ここでは、１ｏｎ１の場における代表的な技術として、アクティブリスニングとレコグニションを挙げたいと思います。

アクティブリスニング
～うなずく、相槌を打つ、相手が発したキーワードを繰り返す

アクティブリスニング（active listening）は、一般的には「傾聴」と訳されることが多いでしょう。今や傾聴と言えば、部下との良好なコミュニケーションに関心を払う多くの管理職の方がご存じなのではないかと思います。しかし、ヤフーでは傾聴と日本語では言わず、あえてアクティブリスニングと言うことがあります。

なぜなら、日本語の「傾聴」の傾という漢字は、真剣に黙って聞くというイメージが強く、アクティブに聞くというイメージとはやや異なるからです。私は大学院で日本人と米国人では傾聴の背景が異な

る可能性があることについて議論したことがあります。すなわち、積極的に話をすることを社会文化とするアメリカ人と、空気を読むことを重んじ、聞くことに長けた日本人では、アクティブリスニング（傾聴）の伝わり方も変わってくるのです。

そのため、ヤフーではアクティブリスニングとあえて英語（カタカナ）で表記し、「アクティブに聞く」ということだから、ただ黙って相手の話を聞くのではなく、うなずいたり、相槌を打ったり、相手が発したキーワードを繰り返したりすることが大切であると言っています。

シンクタンク、ソフィアバンク代表の藤沢久美さんは著書『最高のリーダーは何もしない』（ダイヤモンド社　２０１６）において、ご自身の役割を「社長さんが発した言葉をあえて『別の言葉』に言い換えながら、あいづちを打ち」それが「社長さんの頭のなかをさらに触発し、心のなかに眠っていたものが表に出てくるのです」と書かれています。また、そのような状態を「テニスの壁打ち用の『壁』みたい」と感じるそうです。

藤沢さんの例は、アクティブリスニングの好例とも言えそうです。ちなみに、ヤフーでは自分の考えを整理したいときに、１ｏｎ１以外に機会を設けて、アクティブリスニングが上手な社員に「壁打ちに付き合って」と頼むことがあります。

壁打ちの例をスクリプトのかたちで示します。

部下A：最近、忙しくて考える時間がないんです。
上司：Aさんは、考える時間をとりたいと思っているんですね。
部下A：はい。でも時間がとれないんです。
上司：なるほど、忙しすぎて、考える時間がとれない。
部下A：はい、でも、考える時間がないのは忙しいからだけではないかもしれません。

このケースでは、上司は部下の言葉をオウム返しにするだけで、意見を述べることはありません。しかし、部下Aは話をしながら、自分で考えを整理しています。実際の1on1では、うなずきなどの非言語のコミュニケーションが加わりますので、さらに自然なコミュニケーションになります。自然である、つまり誘導的ではないため、部下は自ずと自分で考えることになります。

アクティブリスニングで興味深いのは、多くのケースで、聞き手はオウム返しをしているだけだと実感するのに対し、話し手は、聞き手がオウム返しをしているとは感じないことです。むしろ、「じっくり話を聞いてくれた」という感想を持つことがほとんどです。

レコグニション
～「無条件の肯定的な配慮」が部下の学びを深める

レコグニション（recognition）は、カウンセリングやコーチングを専門とする人にとっても、なじみのない用語かもしれません。たとえばコーチングでは同様の意味としてアクノレッジメントや認知という言葉を使うところもあるようです。

レコグニションとは、文字通り解釈するなら、「**相手が存在することを認める**」という意味です。1on1でレコグニションと言えば、目の前にいる部下の存在を認め、部下のありのままを受けとめる、そしてそれを相手がわかるように伝えることを指します。

前述の通り、1on1は上司と部下との間で行われます。そのため上司にしてみれば、部下のわがままと感じてしまうような言葉が出てくることもありえます。しかし、上司がどう感じようともそれは上司の感じ方であって、部下の感情ではありません。1on1は部下のために行うものであり、上司は部下の成長を支援することがその役割になります。そのため、上司は部下の言動を100％信じて、部下の気持ちに寄り添う必要があります。

たとえば、部下が自分の業務量が多いと不満を持っていたとします。しかし、上司としては、もっと仕事をやってもらいたいとしましょう。

このとき、上司は自分の感情を横に置いて、部下の「業務量が多い」という感情を認める必要があります。なぜなら、上司がどのように感じようと、部下が「業務量が多い」と感じているのは事実だからです。

対話の例を挙げます。

部下A：仕事が多くて、もういやになっちゃう。
上司：忙しそうだね。いつも、ありがとう。
部下A：何で僕だけこんなに忙しいんですかね？
上司：そうだね。僕がA君に頼りすぎなのかもしれないね。
部下A：（沈黙）いやいや愚痴でした。すいません。

このようなケースにおいて、上司が部下の気持ちを理解せずに、「Aさんの給料を考えたらもっとやってほしいんだけど」とか「俺が若いころはもっと仕事をしたものだ」などと、自分の感情を押しつけるようなことがあれば、部下は「自分の気持ちを理解してくれないんだな」と思い、心を閉ざしてしまいます。これでは、部下の学びが深まるはずはありません。カウンセリングでは、「無条件の肯定的な配慮」といって、クライアント（1on1では部下）の考えや感情のすべてを受け入れていくことが大切であるとされていますが、1on1においても、同じことが言えます。

ここで、留意したいのは、本項で述べる共感や肯定的な配慮は、賛成や同意とは異なるということです。前述の例においても「業務量が多い」という部下の感情に対して、上司は共感し、部下の感情を無条件に受け入れてはいますが、同意しているわけではありません。

1on1においてレコグニションは、1on1を円滑に進めていくための態度であり、信頼関係を構築するための手段であることを強く意識してください。

3-2 学びの深化

三つの働きかけ

上司と部下との新たな関係が構築されたら、次のステップでは、上司は部下の学びを深めるための支

図2　部下の学びを深める3つの働きかけ

	コーチング	ティーチング	フィードバック
上司の働きかけ	引き出す	教える	伝える
部下の目指す状態	自分の考えや思いに気づく	自分にない知識を得る	自分がどう見えているかを知る
求められるスキル	質問力	指導力	伝達力
ベーシックスキル	観察力、傾聴力、承認力		

援をしていくことになります。前述の通り、アクティブリスニングができていれば、上司と部下との間に信頼関係が生まれ、部下が話をしながら、自然と学びを深化していくこともあります。しかし、ときとして上司が、コーチング、ティーチング、フィードバックなど、アクティブリスニングなどと比べて、より積極的な働きかけをすることによって、部下の学びが深くなったり、学びに至る時間が短く済むことがあります。

それぞれの働きかけの特徴と、求められるスキルについて図2にまとめました。以下で詳しく説明します。

コーチング
～部下が自力で答えを見つけるためのサポート

書籍や団体、研究者によってコーチング（coaching）

にはさまざまな定義がありますが、１on１を進めるうえで、ヤフーでは「**コーチングとは、部下が経験から学び、次の行動をうながすための質問を主としたコミュニケーション手法**」としています。コーチングにおいて上司には、部下のなかでまだ得られていない解を部下自身が得るために、その支援となる質問をすることが望まれます。

１on１では「成功した要因は？」「成功したときとの違いは？」「根源的な問題は？」など、さまざまなかたちで、上司から部下に対して質問が投げかけられます。尋ねられると、部下は自分のなかで問いへの答えを探し、それを言葉にして上司に伝えます。

対話の例を挙げます。

部下A：いらいらしていてBさんを怒ってしまいました。
上司：どうして怒ってしまったの？
部下A：何度も注意したのに、言う通りにやらないから。
上司：BさんはAさんが言ったことを忘れていたの？
部下A：そんなことはないはずです。前日も確認したので。
上司：そうか、ではどうして、BさんはAさんが言う通りにやらなかったんだろう？

この例では、Bさんを怒ってしまったという事実について、上司がテンポよく、短い質問を繰り返しています。部下は質問に答えながら、思考が言語化されることによって対象となったできごとを振り返ることができます。

この過程で、部下の頭のなかに、新たな発想や気づきが浮かんでくるかもしれません。部下の学びは、これで半歩、前進したことになります。さらに、部下の学びを定着させる質問としては「このできごとから、あなたは何を学ぶ？」と、あえて聞き直すことも効果的です。

私は、社内の研修において、「上司が投げかけた質問に部下がすぐに答えられないときは、『部下が脳みそに汗をかいて考えている』ときだから、大切な時間だよ」と話をすることがあります。そういうときには、答え＝言語化を急かしてはいけません。コーチングやカウンセリングでは「**沈黙を大切にする**」という言い方をしますが、基本的には同じことです。

問題点が明らかになったら、次は「ではどうする？」「どうやって進める？」「いつやる？」などと、質問を具体的な行動に移行させます。１on１において、これらの質問はとても大切です。

どんな企業も厳しい環境下においてサバイバルしていかなければなりません。そのためには、社員の「行動の質」を向上させる必要があります。１on１は、部下の「行動の質」を向上させ成果を上げるために行うものであり、そのために「**部下の行動**」→「**１on１での振り返り**」→「**行動の改善**」というサイクルを繰り返していきます。したがって、次の行動に関する質問はとても大切です。

ヤフーの1on1では、上司が部下に代わって「これが問題だ」「それはこうやって解決すべきだ」などと明確な答えを示さないことがほとんどです。なぜなら、明確な答えを示すことが部下の成長の機会を奪い、部下が自ら考えて、改善し、次の行動へ結びつけることを阻害することになるからです。

上司としては、「以前よく似た事例に対処したことがある」とか、「なぜ、その程度の問題で悩んでいるのか理解できない」などの理由から、早急に答えを示したくなる誘惑にかられるかもしれません。しかし、それをやってしまうと、部下は自ら考える能力を育めなくなってしまいます。近年、指示待ちの社員が多い、という話を聞きますが、上司が問いだけでなく答えも出し続ければ、部下が考えなくなり、指示待ちになるのは当たり前です。コーチングで上司が行うことは、部下に答えを示すことではなく、部下が自力で答えを見つけるためのサポートです。

加えて、人は誰かから指示されたことよりも、自分で思いついたことの方がやる気が出る、という側面もあります。コーチングによって上司が指示したいことを部下が自分で思いついたように引き出すことができれば、上司にとっても部下にとっても有益であるはずです。

ティーチング
～コーチングとの違いを意識して、使い分ける

ティーチング（teaching）とは文字通り、**知識や技術を知っている人から知らない人に教える行為を指します。**

しかし、１on１においては少し意味も変わってきて、私たちが１on１に関連させてティーチングというときは、コーチングとの比較をイメージしながら使っています。たとえば「ここはコーチングではなくティーチングが望ましい」というように。

両者の違いは、１on１の目的と照らせば明らかになります。前述の通り、私たちの最終ゴールは「経験学習を促進させる」であり「才能と情熱を解き放つ」です。

そのために部下は、経験学習により学びを深めていくわけですが、その段階に応じて上司は「コーチング」と「ティーチング」のどちらが有効であるかを選択します。この見極めが初心者と中級者を分けると言っても過言ではありません。

たとえば社内ルールのように、上司が答えを持っていて、かつ部下にとっては単に知っていればよいことについては、ティーチングの方が早いということになります。

次のような例がありえます。

部下：会社貸与のＰＣがウイルスに感染してしまったようです。
上司：すぐに、ネットワークを切断して、ヘルプデスクに言ってください。

部下：稟議の手続きがよくわからないのですが。
上司：財務部のＢさんに相談してみてください。

やや極端な例ではありますが、１on１ではこのような会話になることもあります。

ヤフーの社内でも、ティーチングとコーチングのどちらが有効な働きかけであるかについて、議論がありました。もちろん、ケースバイケースではあるのですが、どちらが正解であるかよりも、このような議論が起こるような環境にすることが大切だと思います。

たとえば質問には、聞かれた人が自由に答えることができるオープンクエスチョンと、イエスかノーかといった答えが限定されるクローズドクエスチョンがありますが、そのどちらを使うべきかよりも、違いを意識して質問することが重要です。これまでオープンクエスチョンとクローズドクエスチョンの違いがわからなかった人が、わかるようになることで、これらの質問を使い分けることができて、その結果、質問のスキルが向上するように、ティーチングとコーチングの違いを意識して、使い分けることが大切です。

フィードバック
～「耳の痛いことを部下にしっかりと伝え、彼らの成長を立て直す」

一般的にフィードバック（feedback）とは「制御工学の基本技術。アウトプットの結果をインプット側に還元し、システム全体の調節を図ること」（『知恵蔵』2015）などと定義されています。ヤフーでは、部下の行動（アウトプット）がまわりからどう見えているのか、主に上司が部下に伝えることにより、部下の成長を支援するための方法として用いています。

読者のみなさんにとってなじみのあるフィードバックといえば、目標管理制度（MBO）において、期末に部下の申告をもとに上司が評価を行い、その結果が上司から部下に戻され、説明される機会のことを指すのかもしれません。評価期間中の結果（アウトプット）について、上司がした評価を、本人に説明することをフィードバックと呼ぶ会社も多いと思いますし、ヤフーでも同様の使われ方をしています。

一方で、ヤフーの1on1に限定すると、目標管理制度のフィードバックとは異なる部分にフィードバックが使われています。その一つは、**上司が部下に期待する仕事の水準と、部下がもたらした成果**

との差を示すもの。もう一つは、**いっしょに働く周囲にとって、対象者（部下）が、どのように見えているかを返す**ものです。本項では、それぞれについて説明を加えます。

まず、１つ目の「上司が期待する仕事の水準と、部下の成果との差」ですが、それは短期間、または一つのタスクの評価と言っても差し支えありません。

たとえば、部下が担当したプレゼンテーションについて考えてみましょう。

上司：この間のプレゼンは１００点満点で何点でしたか？
部下A：80点くらいです。
上司：どうしてそうなの？
部下A：お客様がよろこんでくれたからです。
上司：うん、それはよかったね。だけど、Aさんの今の実力を考えたら、準備に時間をかけすぎだと思うな。半分くらいの時間でやってほしかった。だから、僕から見ると60点だと思います。

ここで大事なのは、点数が何点かではありません。上司と部下の認識の差がなぜ生じているかを明らかにして、すり合わせることです。このようなタスクベースのフィードバックが行われて、お互いの評価のものさしをすり合わせることができれば、期末の評価の納得性は保たれ、ミスコミュニケーションも減少できるはずです。

目標管理制度（ＭＢＯ）もフィードバックの一つであることは前述しましたが、１ｏｎ１におけるフィードバックはＭＢＯのフィードバックと比べて期間が異なります。ＭＢＯの場合3カ月、または半年間など一定期間の総合的な評価となりますが、１ｏｎ１の場合は、1回のプレゼンテーションや資料づくりなど、期間は短くタスクも限定的になります。

そのため、部下は具体的なフィードバックを受けることが可能になり、改善ポイントも明確になります。上司による「あなたのレベルならこのくらいまではやってほしい」と思う期待水準と、部下による「これくらいできれば合格点だな」と思う目標水準をすり合わせることができます。

ヤフーの人事に多大な影響をもたらしている東京大学の中原淳准教授は、著書『フィードバック入門』（ＰＨＰビジネス新書　２０１７）において「フィードバックとは、耳の痛いことを部下にしっかりと伝え、彼らの成長を立て直すこと」と端的に説明されていますが、ヤフーにおいてフィードバックというと、その定義に加えて「相手が気づかないこと」を伝えることがイメージされます。

次にフィードバックのもう一つの側面について説明します。みなさんは、『ライ・トゥ・ミー』（原題 *Lie to Me*）というアメリカのテレビドラマをご存じでしょうか？　精神行動分析学者の主人公が、表情や仕草から嘘を見破り、トラブルを解決していくという話です。このドラマに限らず、非言語コミュニケーションから、人の心理を探るという方法は一般的なのではないかと思います。ヤフーの１ｏｎ１では、上司が部下の心理を探るのではなく、部下の気づきを引き出すために、部下の表情や仕草を上司が鏡のように返すことがあります。これが、フィードバックのもう一つの側面です。

たとえば、営業での苦労話など、話の内容はつらく、苦しいものであるにもかかわらず、楽しそうに話す人がいます。また、特定の仕事の話をすると胸の前で腕を組んだり、特定の人の話をすると、顔色が曇る人がいます。上司から見ると、部下の表情や口調の変化は明らかであるのに、本人から見ると、それには気づいていないことは案外多いものです。

これらを鏡のように本人に返す（フィードバックする）ことによって、本人の思わぬ気づきを引き出すことができることもあります。「あなたは、彼の話をすると必ず手を組むけど、苦手意識があるのかしら？」とか、「あなたは、修羅場になるとイキイキとするね」というフィードバックが、部下が気づきを得るきっかけになることもあります。

非言語コミュニケーションを部下にフィードバックするという方法は、１ｏｎ１の場以外の、普段の仕事中も対象になります。たとえば、「月曜日の朝はいつも機嫌が悪そうに見える」や「仕事量が多くなると、口調が速くなる」というフィードバックから、部下が、自分の信念や考え方のクセを発見することができるかもしれません。

学びの確認
～「今回のできごとから何を学んだの?」

1 on 1の目的の一つである「経験学習を促進する」ためのもっとも直接的な質問が「(今回のできごとから)**何を学んだの?**」です。これまで説明してきたコーチング、ティーチング、フィードバックと、この質問を併用することによって、学びの深化を効果的に行うことができます。

対話の例を示します。

上司：今回の失敗からの学びって何だろう?

部下：何事も準備が大切だということだ思います。

上司：今日の1 on 1を通じてAさんが得た教訓はある?

部下A：はい、コミュニケーションは時間より頻度だと思います。

これは1 on 1を経験すると納得できると思うのですが、1 on 1の後半に「(今回のできごとから)

何を学んだの？」と聞くと、その答えが上司の想像を超えたものになることがあります。

たとえば、プレゼンテーションの資料作成がうまくいっていない部下が、１ｏｎ１では、プレゼン資料のつくり方について話をしていたのに、「（今回のできごとから）何を学んだの？」という質問に対して、「資料をつくる前に作業の時間配分を考えるべきと思いました」と回答するような例があります。

上司にしてみると、資料のつくり方について話をしていたのに、なぜ時間配分が学びなのだと思うかもしれませんが、これは、部下は上司と対話しながら違うことを考えていたと解釈できます。１ｏｎ１での応答の何かをきっかけにして、頭のなかで考えが深まり、上司の質問には答えながら、しかし異なる頭の回路でぐるぐるとまわり、学びを得られることがあります。ここで上司は「１ｏｎ１の筋と違うことを言うとは何事だ」などと言ってはいけません。

上司は部下の思考のきっかけは提供できますが、学び自体は提供することができません。また、その学びは言語化されるプロセスを経て認識されることもあるため、学びの確認が重要な働きかけになります。

3-3 次の行動の決定

行動の宣言 ～「この学びを次にどこで活かす？」

上司と部下の信頼関係が構築され、部下の学びが深まったら、最後のステップは次の行動の決定です。学びの確認と同じくらい重要な質問に「**この学びを次にどこで活かす？**」があります。経験学習のPDCAの最後のA（アクション）を決めるプロセスです。

１on１は上司と部下との間で行うため、行動の宣言は上司と部下との約束になります。たとえば外部のコーチとのコーチングでは、上司と部下との間のような強いコミットメントを得ることは難しいのではないのではないかと思います。一方で、上司は部下のストレッチした行動計画に働きかけることができます。たとえば、１on１のテーマが実施し終えたばかりのプレゼンテーションであれば、内省した後に次の機会を上司がつくることができます。また、設定したプレゼンテーションを上司が実際に見て、その後にまたフィードバックをすることも可能です。

ちなみに、私は、部下との１ on １において部下と約束した行動計画が守られなくても、そのことを非難しません。その代わりに、「なぜ行動計画はできなかったんだろう？」と聞きます。部下の気持ちになってみれば、上司と交わしたコミットメントを守れないとしたら、それなりの理由があると思うからです。

私が恐れるのは、部下が容易に到達できるコミットメントをすることであり、そのことによって、部下の経験学習が不十分なものになることです。

社会人は怒られたり、脅かされることによって学ぶことは多くはありません。むしろ、ポジティブに自分の成長のために、自分からストレッチした、つまり少し背伸びした目標を設定して、挑戦していく、それがヤフーの人材開発のあるべき姿であると思っています。

コラム

1on1ミーティング前史

――きっかけは苦い経験

もともと1on 1ミーティングは、私が30人くらいの部署の部長だったときに始めたものです。そのきっかけになったのは、部下とのコミュニケーションにまつわる自分自身の苦い経験でした。それまで私はコミュニケーションが得意な方だと思っていました。スポーツ事業を担当していて、社外で過ごす時間が長い仕事でしたが、社内のコミュニケーションは何とかなっているだろうと過信していたのです。

あるとき、部下に対して「このままでは評価を上げられない」というような、ネガティブなフィードバックをしなくてはならないことがありました。するとその部下はカチンときたようで「本間さんが普段何をやっているのかわかりません」と言い放ったのです。おそらく部下はずっとそう思っていたのだと思います。しかし、上司なので言いにくかった。それがカチンときて、とっさに言ってしまったのでしょう。私はそのときに、「これはまずい」と思いました。

私としてはチームのために新しい仕事をとってきているし、それはチームに理解してもらっていると思っていたのですが、そうではなかった。大いに反省しました。

――1対1で話すことが関係性を強くする

そのころ、コーチングの勉強もしていたのですが、「ああ、コーチングの本に書いてある『コミュニケーションは頻度』とは、こういうことなのか」と実感しました。半年に1回飲み会をするよりも3カ月に1回ランチを食べる方がいいし、3カ月に1回ランチを食べるよりも毎月1回1時間話した方がいい。毎月1回1時間話すよりも毎週15分ずつ話した方がいい。コミュニケーションは頻度が大事です。そこで、全員とコミュニケーションの頻度を上げようと思って始めたのが、1on1ミーティングの原型になったものです。「ちょっとお茶しよう」と一人一人に声をかけては、カフェで話を聞くようにしたのです。

そんな風にメンバーの話を聞き始めて、たとえ私が苦手としている相手とでも、話を聞いていると関係性が強くなるということを実感するようになりました。やはりコミュニケーションは頻度だし、傾聴は重要だと思ったのが私の原体験と言えます。

ただ、そのときの周囲からの評判は悪かったです。「本間はお茶ばかりしている」などと言われたりもしました。効率を考えれば、10人を集めてミーティングした方がいいのは理解できます。でも、1対1であることこそが、関係性を強くしていくのだと確信していました。

実際に、私の評判とは裏腹に組織の成果は上がっていきました。ビジョンが共有できたり、個人の強みを活かしたチームづくりが可能となったことが影響したのだと思います。その結果、最終的には私の人事評価も高くなりました。

ちょうどそのころ、友人が勤めている外資系の会社で1on1が制度化されているという話を聞き、自分の体験とその制度が一致しました。であれば、しっかり取り組もうと思ったのです。私がすべき仕事は、部下から見えないところで仕事を確保することではなく、部下の話を聞くことだ、と考えが変わりました。

上司が部下の存在を大切に思うということが、1on1の基本です。部下にとっては、自分に時間を割いてくれる上司、内省をうながしてくれる上司がいい上司ということになります。乱暴に言えば、週に一回「俺は君をいつも見ているぞ。応援しているぞ」と伝えるだけでもいいと思います。

3-4 対談……❷

対話のテクニックより目の前の相手に真剣に対峙することが大事

守屋麻樹・ローレルゲート代表（プロフェッショナルコーチ）に聞く

もりや・まき　早稲田大学政治経済学部政治学科卒。東京銀行(現三菱東京UFJ銀行)、日本コカ・コーラを経て、2000年に法人研修を手掛けるベンチャー企業に入社し、人材育成業界に転身。2010年に独立し、ローレルゲート株式会社を設立。現在は、研修講師、大学講師、エグゼクティブやアスリートを対象としたプロコーチ、早稲田大学アーチェリー部監督として活動中。

また、NPO法人コーチ道理事、NPO法人スポーツコーチング・イニシアティブ理事として、スポーツ現場における指導者の意識改革やコーチング手法の改革にライフワークとして取り組んでいる。

守屋麻樹さんは、私が信頼するプロフェッショナルコーチです。ヤフーの1on1をプログラム化し、面談を通じた部下との関係づくりや適切な支援を教える研修で講師を務めてくださってもいます。つまり、ヤフー社外にいて、1on1の内実をよく知り、折にふれてアドバイスをしていただく、という関係でもあります。

私たちが試行錯誤しながら4年、続けている1on1が、プロの目にはどのように映っているか。また、1on1が私たちが考えるように普遍性を持った手法であるのかどうか。数多くの企業の人材育成の実情を知る守屋さんに、いろいろ質問を投げかけてみました。

＊＊＊

コーチングと1on1の基本的な共通項は相手の可能性を信じること

本間　プロフェッショナルコーチとして活躍している守屋さんにはまず、コーチや上司にとって、コーチングと1on1はどう違うのかをお聞きしたいと思います。

守屋　コーチングの場合は、コーチは基本的に答えを手放した状態でやりとりをします。「答えはクライアント自身のなかにあり、クライアントは答えを見つける力を持っている」ということを前提としたコミュニケーションだからです。でも、1on1の場合は必ずしもそうではなく、コーチングでのコーチに当たる上司が、経験上、解決策を持っていることの方が多いと思いますし、場合によっては答えを教えてもいいですよね。ですから、1on1のなかに、コーチング的な要素が内包されているということだと理解しています。

本間 なるほど。ということは、1on1を上達させたい人にとって、コーチングのトレーニングは意義のあるものでしょうか。

守屋 そう思います。

本間 具体的にはどのあたりが有意義ですか。

守屋 まず、しっかりと話を聞けるようになりますね。これはトレーニングしないとなかなか難しいです。

本間 簡単に傾聴と言うけれど、これは教わったり学んだりしないとできないですよね。

守屋 普通は、人の話を聞くとはどういうことか、意識しませんからね。

本間 まずは黙って話を聞け、うなずいて応答しろというのは、コーチングでも1on1でも同じですね。

守屋 そうですね。それから、コーチングを学ぶと、話のどこに焦点を当てるべきかがわかってきます。1on1では、「部下が本当に言いたいことは何か？」「今どんな気持ちでいるのか？」「本当はどうしたいと思っているのか？」など目の前の部下を理解しようとしながら話を聞きますので、これはクライアントを前にしたコーチがしていることそのものです。

それから、問いを立てられるようになります。慣れていないと、問いがとても長くなってしまったり、イエスかノーで答えられるクローズドクエスチョンばかりになってしまったりするものですが、トレーニングすれば、短くシンプルなオープンクエスチョンを投げかけられます。これが相手の気づきを引き出します。

ここまではテクニックですが、あとは、相手の可能性を信じること。これがコーチングと1on1の基本的な共通項です。

本間　はい、そうですね。

守屋　可能性を信じるということのなかには、場合によっては「あなたにはこの仕事が向かないから、他の仕事をした方がいい」と伝えることも含むのではないか、と個人的には思っています。これは相手の可能性を本当に信じていないとなかなか言えるものではありません。もちろん、相互の信頼関係があってこそ、の話ですが。

本間　コーチングにしろ1on1にしろ、私はそこに希望を感じるんです。上司が本当に部下のことを思うのであれば、部下にとっては言われたくないことも伝えられると思う。しかし現実は、上司が部下から嫌われたくないばかりに、耳ざわりのいいことだけを伝えるケースが増えているのではないでしょうか。だからこそ、私は1 on 1のような場が必要だと思っているんです。

次に、カウンセリングと1 on 1のかかわりについても聞きたいです。仮にコーチングがカウンセリングの一部分だとすると、1 on 1もカウンセリングの一部たりえます。はたして、上司と部下という間柄で、カウンセリングのようなことをしていいのか。カウンセリングは原則として、利害関係のない相手と行うもののはずです。

守屋 極論すれば、別にいいのかなと思います。というのも、1 on 1にコーチングの手法やカウンセリングの手法が入ってきたとしても、それが部下のためのものなら、かまわないと思うのです。ただし、その相手が医療的な観点からのサポートを必要としているのであれば、話は別です。そういう場合は、素人が手を出すべきではないので、専門家に相談するべきだと思います。実際、私は、心療内科などに通院している人に通常コーチングは行いません。

また、現実的には、本間さんが言われるように難しさはあるでしょう。カウンセリングやコーチングなら、カウンセラーやコーチはクライアントを評価する立場にありませんが、1 on 1の場合は違います。

本間 上下関係がありますからね。部下を評価する立場でもある上司としては気をつけなくてはならないこともありそうです。

守屋　1on1ではプライベートな話、感情にふれる話が出てくることがあります。そのときに上司が冷静かつ客観的でいるのは、とても難しいとは思います。上司サイドに成熟度が求められますし、感情を自己管理できることが重要だと思います。

本間　それはたとえば「僕は本間さんと合いません」と言われたとき、「俺だって君のことが嫌いだ」と言ってしまうか、「そうか、僕と合わないんだね」と言えるかどうか、でしょうか。

守屋　そうです。ただ、そこは正解のない世界だと思います。その人との関係によっては「俺もお前のことが嫌いだ」と言った方がよく、それによって何らかのブレイクスルーが起きるということもあるかもしれません。

対話しながら思考を深めるための条件

本間　なるほど。ではこういうケースはどうでしょうか。1on1で、部下が異動や転職を希望していることがわかった場合です。上司としてはその部下を失うのは大きな痛手なのですが、部下の成長を考えると、受け止めた上での支援が必要です。

守屋　私なら、ということで考えると、そのときには今、本間さんが言われた「2人の自分」を登場させると思います。「困ったな」と思う上司としての自分と、「部下の成長を願う」自分です。私の場合はそうやって分けてコミュニケーションするかもしれません。

本間 なるほど、確かにそれはよい方法ですね。でも、とっさに言われたら、私だったらそれはできないだろうなあ。どうしたらいいんでしょう。

守屋 ありのままの自分でいることです。嘘を言えばそれは伝わってしまうので。「困ったな」と思うのも、「1 on 1をしっかりやろう」と思うのも、どちらも本当の自分なので、結局はありのまま、自然体というところに行きつくのかなと思います。

本間 それはわかります。でも、ありのままというのも難しい。1 on 1に集中できる状態を整えるというのは、テクニック以前の問題ですね。

守屋 上司の側が、自分をよい状態にして1 on 1に臨めるかどうかはとても重要ですね。「あ、この人、集中してないな、他のことを考えているな」ということは、非言語情報から伝わってしまいますから。

本間 部下は絶対に気づきますよね。「ノートPCに記録しているけど、でもメールも見てるな」とか。一方で、上司は気づかれていることに気づいていないことが多い。

ところで、1 on 1のときにはメモをとった方がいいのでしょうか。「前回、何の話をしたっけ」とならないようにするにはとった方がいいと思うのですが、メモはとらずにその場に集中した方がいいのかなとも思います。

守屋　私の場合は、とったりとらなかったりです。とらないときは、終わったらだーっと覚えている限りのキーワードを書き出してメモを残すようにしています。あえて、相手に見えるようにメモをとることもあります。すると、それを見た相手が「いや、そうじゃなくて」と指摘してきて、そこから話が深まることがあるからです。

本間　社長の宮坂は、１ｏｎ１の内容をノートにメモしていますね。そして、それを年に一度まとめて「振り返りに使ったら？」とデータにして送ってくれるんです。これによって「俺は毎回同じことを言っているな」とか「あのときはこんなことを言っていたんだな」と気づかされるだけでなく、あれだけ忙しい人がここまでやってくれるのかと、喜びを超えて感動を覚えますね。

守屋　それは感動しますね。私がもっとも尊敬しているコーチもメモをとるんですね。それで、一通り終わったら、コピーをとって、オリジナルの方を私にくれるんです。とてもうれしいですね。

本間　それは捨てられないですよね。私もデータをずっと持っていて、要所要所で見返しますから。

守屋　だから、結局のところテクニックじゃないんです。もちろんテクニックはあった方がいいんですけど、目の前のこの人は自分のためにかかわろうとしてくれている、と思ってもらえること。それが、ありのままということだと思うんです。

本間　ああ、そういうことなんだな。こうやって、話しながら気づくことってありますよね。文章にすると、どうもわざとらしいのですが、実際には、対話のなかで理解が深まることは珍しいことではありません。1 on 1でも、「スケジュールはどうするの？」と尋ねているのに「いや、頑張らなきゃいけないと思いました」と返事が返ってきたり。文字にしてみると不自然なのですが、しかしその場の対話では、「いや」は自然だし「頑張らなきゃ」も唐突ではありません。

守屋　そういう、文字にすると不自然なコミュニケーションというのは、信頼関係があるからできることです。信頼関係がないと、上司の側は「いや、今スケジュールの話してるんだけど」となったり、部下も気づいたことを口にせず「はい、スケジュールは」と話を合わせたりするからです。

いい1 on 1が行われているとき、部下には上司と話をしているという感覚はないと思います。上司の言葉も自分の言葉のように感じられて、自分一人で考えているような錯覚に陥るのです。この人には話してもいいとか、委ねていいとか思えているので、対話しながら思考を深められるのです。でも、信頼関係がないと、上司の質問がぎこちないとか、踏み込まれすぎているとかと感じます。

本間　やはり信頼関係ですね。それがあると、最後には、話し始めたときには思いもよらなかった話になっていることもあります。こちらが「そこまで話さなくてもいいよ」と思うこともあるくらいです。でも、上司が、自分にそこまで話をしてくれるのかという気持ちが、上司と部下の信頼関係をさらに高めていくこともあります。そう考えると、信頼は技法だけで生まれるのではない。技法のうまい下手ではなく、恥ずかしがらずに自分の思いを言葉にするとか、お互いがお互いの立場になって考えるという基本的なことが大切になる。そうなるともう精神論になりますが（笑）。

WHYの部分に向き合わないことによる危険

守屋　質問されることが刺激となって、原体験に記憶を取りに行って、蓋をしていた感情が出てくることもありますね。

本間　そこに普段は「そんなことを言っても仕方ない」「考えてもしょうがない」という思いが隠されていると思います。「これからどうしたいの？」と聞かれても「とくにありません」としか答えられないような人は、蓋が外れていないのでしょう。

守屋　ただ最近、その蓋が外れない人も、外れてもそのなかに原体験と言えるような、考えた経験がない人がいるのを実感しています。そういう人には、どんな言葉も刺激にはなりません。

本間　ああ、わかります。「どうしたいの？」と聞いても「給料を上げたいです」「昇進したいです」以外の答えが返ってこないことがあります。

守屋　これまでは誰かに言われた通りにやれば成果が出ていたというタイプは、振り返ってそこから学ぶことに慣れていません。スポーツの世界ではそれがとくに顕著で「今日は何がよかったの？」と聞いても「わからない」「たまたま」「なぜかうまくいった」という答えが返ってきます。そこでこちらは「じゃあ足の運びはどうだった？」「どんな景色が見えていた？」と聞くのですが「いや、なんかわからないけどうまくいった」となるんです。

こういう人は、こういう条件なら右、こういう条件なら左という振り分け作業はこなせるのですが、条件が変わったとたん対処できなくなります。自分の経験を一般化して理解していないので、再現性が低いのです。考えずにそこそこやれてきたとしても、トップを目指したいのであれば、やはり必要なのは、思考力です。

本間　ビジネスでも同じですね。営業やプレゼンの場で、あまり努力しなくても上手にプレゼンテーションができたり、面白いことを言えているとしても、そこに甘えて思考しなければ伸びません。

守屋　それから、こういうこともあります。これもスポーツのたとえになりますが、私がかかわっているアーチェリーという競技において、みんなで試合のときに応援しようと決めたとします。そして試合が終わった後に応援の仕方を振り返って改善をしていくと、どんどん、いい応援ができるようになります。

でも、そこで「何のために応援するのか」を考えずにいると、「もっと大きな声を出した方がいい」などというように応援のテクニックだけが上達して「そもそも声を出して応援する行為はアーチェリーにおいて本当に得点につながるのか」という根本を忘れてしまいます。もしかしたら、静かに集中したい選手にとっては、よくなったはずの応援が得点を妨げていたということもあるかもしれません。ＨＯＷの部分だけに注目して改善を積み重ねると、こういうことが起こるんです。

本間　「何のために応援するのか」「それが得点に結びつくのか」を忘れている人には、その問いが重要な役割を果たしますね。

守屋　そこが自分だけでできれば、自走できるようになるでしょうね。でも、「これは伝統だから」などと言ってＷＨＹの部分に向き合わないでいると、危ないと思います。たとえば、大学の体育会では「先輩が座るまで後輩は立って待つ」というようなルールがあったりしますが、それは何のためなのかが抜け落ちると、その行為のみが継承されて、一般のお客さんと一緒の飲食店でもそれをやって、まわりに迷惑をかけることもある。気をつけないと、本質を見落としてしまうんです。

本間　そこは「なぜ」と質問をする立場の人次第ですね。

わざわざ顔を合わせてコミュニケーションする場をセットする意義

守屋　先日、ある企業で私が上司役になって１ｏｎ１のデモンストレーションをしたのですが、そのときに「今『自分が』と言ったときに、声が大きくなって右手が動きましたけど、どうしましたか」と尋ねたら、相手ははっと自分の感情に気づいたようでした。非言語の部分で何を発しているかも、言われないと気づかないものなんです。

本間　「今、胸の前で腕を組んだけど」といった指摘をするのは、コーチングではとてもベーシックなスキルです。やはり、コーチング講座の最初の方で教わることが、１ｏｎ１の大きなポイントになるんですね。

守屋　言葉だけでなく、非言語の情報をどう読み取っていくかも重要です。

本間　そこは、上司と部下とで行う１ｏｎ１の場合は、とくに有効ですね。上司は外部のカウンセラーやコーチと異なり、普段から部下を観察できるので「昨日、ずいぶんうれしそうだったね」「最近、朝早く来ているね」と言えます。これは強みでしょう。

守屋　そうですね。外部のコーチはクライアントが話してくれたことしか知りませんが、上司はいろいろな場面を見ているし、まわりからも情報が得られるので、多面的に見られます。

本間　だから1 on 1は職場で有効だと思うのですが、守屋さんはなぜ今、1 on 1への注目が高まっているのだと思いますか。

守屋　一つには、人事担当者は新しいものが好きですよね（笑）。「1 on 1」と言うと、新しい響きがありますから。それは半分冗談ですが…。

本間　よくわかります。

守屋　それから、職場で面と向かったコミュニケーションがとりにくくなっているからだと思います。「私は話すのが苦手」という管理職の方も多いですが、じゃあ苦手だからと一生懸命部下に話しかけて苦手意識を克服しようとしているかというと、そんなことはありません。

　また、上司自身がプレイングマネジャーであることが多く、部下の育成よりも業務の遂行や目標達成を求められていることも一因です。こうなると、部下と話をするよりも、自分でやった方が早いし確実だと考えるようになります。だから部下は置いてきぼりになってしまって、メンタルを病んだり会社を辞めたりしてしまう。会社としてはそこに何とか手を打とうとして、コミュニケーションの場を設けよう、頻度を高めようとなるのでしょう。

本間　たとえば5年前、10年前とは何が違うんでしょう。

守屋　そのころは飲み会のような、非公式なコミュニケーションの場がもっと多かったですよね。そこには必ず「俺の若いときは」「お前らはどうするんだ」と繰り返し話す〝昭和〟な上司がいました。

本間　いましたね。一方、今はＳＮＳが拡がったことで、仲のいい人とだけ「いいね！」を押したりスタンプを送ったりがコミュニケーションの軸になっていて、コミュニケーションの神経が細くなっている気がします。

その反面、面倒くさい相手ときちんと話す機会が減っています。よく「年上の部下とのコミュニケーションが難しい」などと聞きますが、コミュニケーションをとりづらい相手とコミュニケーションをとるのは、仕事では当たり前のことです。

守屋　同じ職場にも正社員と派遣社員がいたり、フリーアドレス制が導入されていて顔を合わせることが少ないとかいった事情があることも、昭和のころとは違います。ですから、意図的に接点をつくらない限り、コミュニケーションはとれません。

それから、文字でやりとりさえすればコミュニケーションがとれていると思う人も多いようですが、でも、重要なのはコンテクストですよね。これもわざわざ顔を合わせてコミュニケーションをする場をセットする理由ではないでしょうか。

こういったことを理解できない人は、上司になっちゃいけないんじゃないかとも思います。

1on1の研修を受けている人のなかにも、「部下のための時間」というコンセプトを受け入れられない人がいます。1on1の狙いは部下が成長することで、上司がかかわって部下の考えを整理したり引き出したりするのだという前提に立てないのです。

本間 そういう上司ばかりの企業にとっては、1on1は無駄でしょうか。

守屋 1on1を導入する前に、会社が相当な時間をかけてマインドセットを整えていく必要があります。その前段をていねいに理解してもらわないと、いきなり1on1はできないと思います。

本間 ヤフーはそういった組織文化を変えるためにも、1on1が必要だと考えています。

守屋 社長や役員の理解があれば、それは可能です。でも、上の理解のないまま、中間管理職だけで導入しようとしても、難しいでしょうね。

第3章
まとめ

Summary
Chapter 3

- 上司と部下との信頼関係が1 on 1のベースであり、まずは信頼関係を構築することから始める必要がある。
- アクティブリスニング=うなずいたり、相槌を打ったり、相手が発したキーワードを繰り返す。
- レコグニション=目の前にいる部下の存在を認め、部下のありのままを受けとめる、それを相手がわかるように伝える。
- コーチングとは、部下が経験から学び、次の行動をうながすための質問を主としたコミュニケーション手法。ティーチングとの使い分けが必要。
- 具体的なフィードバックによって、改善ポイントも明確になる。上司・部下間での目標水準をすり合わせることもできる。
- 「この学びを次にどこで活かす?」という問いは、経験学習サイクルの最後をまわすための働きかけになる。

Scenery of 1on1……③

[部下]
古賀真紀さん
（メディアカンパニー　ニュース事業本部企画部リーダー）

（いつも、今日のようにキャリアの話をするのですか？）
人によりますね。今日はキャリアの話をするとは思っていませんでしたが、自然とそういう話しを引き出してもらいました。聞いてもらえて、うれしかったです。

部下が活躍するための環境づくりが上司の仕事だとすれば、1on1はとても強力なツールだと思っています。部下が今よりさらによい状態で仕事をしていく方法を、一緒に探っていく時間です。そして、「今よりさらに」と言うからには、まず現在の状態を知ることが欠かせませんよね。そして、それは上司だけでなく、むしろ部下自身にとって重要になってきます。ですから、1on1では、今の自分をふり返ることから始めて、しっかり内省した上で次の行動を決めていくという流れを基本にしています。

また、1on1を有効な時間にするには、とにかく相手に信頼してもらうことが大事だと思っています。なので、実は、1on1の時間以外のコミュニケーションをかなり大事にしています。日々のコミュニケーションはもちろんのこと、あらゆる側面から部下を観察するようにしています。1on1は、会社からやれと言われてやっているわけではなく、意義を感じて取り入れています。会社からはよい後押しをもらったと感じています。

第4章 1on1導入ガイド

1on1を全社のルールとして機能させ、
「部下を育てる」ことを組織のDNAとして
伝承するためにはどうすればいいか。
1on1を機能させるために構築した諸制度と、
その運用について解説します。

4-1 ヤフーが実践する仕組み

1 on 1を組織全体に浸透させるために

第3章まで紹介してきた1 on 1の実践手法は、部下の言葉を引き出す上司のテクニックについて解説するものでした。

これまで説明してきた1 on 1を、全社レベルではなく、マネジャーが自組織内で実施することで効果を実感することは可能です。1 on 1はトップダウンで行った方が導入しやすいので、組織の長が自ら1 on 1の採用を決め、先頭に立ってトレーニングを受け、1 on 1を行えば、組織への浸透はそれほど難しくはありません。社外の事例を聞いても、100人ぐらいまでの組織で、かつトップがコミットメントする場合、1 on 1が浸透し、マネジメントに好影響を与える確率はグンと上がります。

しかし、企業の人材育成は、このような個人のマネジメントの方針や努力に依存するべきものではありません。人事部門が制度を構築し、全社のルールとして機能させる方が効率的ですし、「人を育てる」ということを組織のDNAとして伝承しやすくもなります。ただし、組織として1 on 1を全社に根づかせるのは容易ではありません。

実際、他社の方から、「1on1を導入したいのだが、どのように導入したらよいか」というご質問をいただくことがあります。1on1の概要はわかったが、社内で導入するには抵抗があるという感覚を持つ方は少なくありません。

そこで本章では、1on1を組織全体に浸透させるためにヤフーが実践している「仕組み」について説明したいと思います。

WHYを社員に伝える

「1on1がよいことであるのはわかる。だけど、面倒くさそう」

これが1on1を知った多くの人の感想なのではないでしょうか。組織においてコミュニケーションがとても重要であることはよくわかっている。だけど、成果（ノルマ）へのプレッシャーは強いし、上司と部下の時間を合わせるのも骨が折れる。だから、今すぐやる気持ちになれない。

ヤフーの場合も同じでしたが、幸運だったのはヤフーが1on1を導入したのは経営体制が代わった時期であり、会社が変わろうとしていたタイミングであったということです。そのため、私たち人事部門は、会社がどう変わっていくのか、また新しく行う1on1をなぜやるのかについて説明する機

図3　イントラネットでメッセージを発信

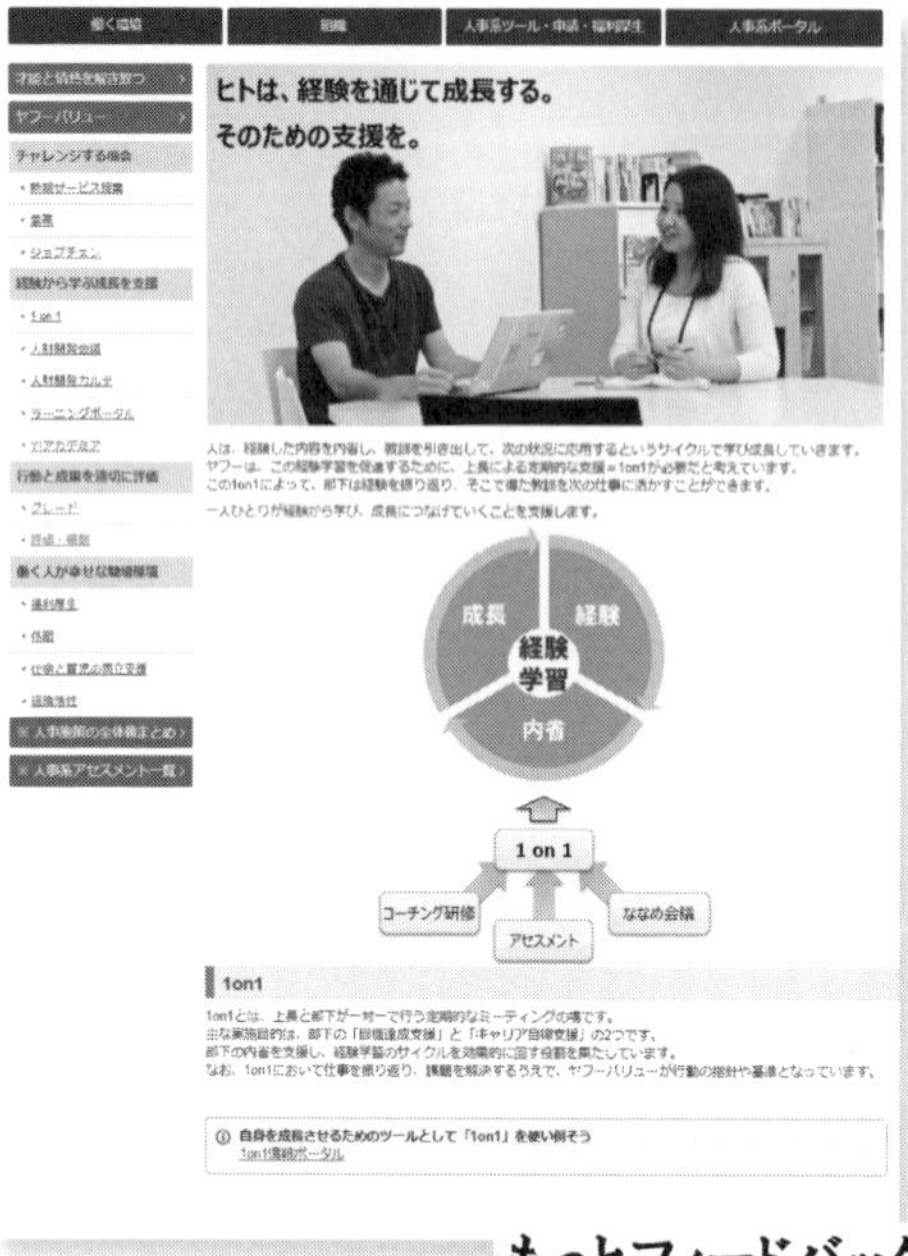

もっとフィードバックしたりされたりするカルチャーをヤフーに

キャスティングするための材料は多ければ多いほどいい

Q：なぜ今この「役職者随時多面評価（フォロワーシップ評価）」が実施されるんでしょうか？

本間：7月1日の組織を作るにあたり、これまでの多面評価では「キャスティング」のための情報が不十分。広く情報をとったほうがいいのでこのフォロワーシップ評価をやることになった。もちろん口頭で話も聞くし会議もするんですが、材料のひとつとしてこういう評価もやったほうがいいと。宮坂さんがいう「キャスティング」をするためには、材料となる情報は多ければ多いほどいいですから。

宮坂：リーダー、部長、本部長っていう役職者のポジションは人がついてこないといけない仕事ですよね。むしろ人がついてくるかどうかだけ、と言ってもいいくらい。極論を言えば、専門能力が高くて人がついていかない役職者よりは、専門能力はチームの中でNo.1ではないかもしれないけど人がついていく役職者の方がいい役職者だと思うんですよね。そういう「フォロワーシップ」が強いかどうかを見たいんです。

キャスティングを考えるには（現状では）ちょっと材料が少ないんですよ。業績なら過去のものを見ればわかるんだけど、フォロワーシップ～人の上に立つ人にとても重要な部分だと思うんですけど～それに関する情報があまりに少なくて、そこが、補足的に欲しいんです。この人はある四半期に何をやって百何ポイントだったっていう情報はもちろんあるんですけど、この人はフォロワーがついていくタイプの人なのかどうなのかという情報が足りないんです。現行の多面評価（で得られる情報だけ）では不十分だったんで、それをやりたいと。

会社にとって必要な情報だという話なんですけど、同時に（評価の結果は）個人にとってもその人が育つためのフィードバックになるんですよね。いいことも悪いことも含めて、人はフィードバックをもら

CEO 宮坂　学

人事本部長　本間　浩輔

2012年5月掲載の広報記事

会を得ることができました。

ヤフーには「ＷＨＹ」をていねいに説明しようとする文化があります。とくに人事は「ＷＨＹ」を語らず「ＨＯＷ」を説明しようとしがちなので、イントラネットやその他の方法で、機会を見てメッセージを発信することを重視しました。

具体的には、「なぜ１ on １をするのか？」「ヤフーは１ on １をすることによってどう変わりたいのか？」というような、人事サイドの思いと要望を伝えていったのです。ヤフーは社内向けコミュニケーションを大切にしていて、優れた専門家がいるので、社内広報の担当者にも協力してもらい、私のインタビュー記事をイントラネットに載せてもらったりもしました。（図3参照）

この段階では、多くの社員はまだ１ on １を知らない状況なので、９割の人は「追加の仕事」である１ on １にポジティブであるはずがありません。そのため、イントラネットのほかにも、部門の会議で説明したり、社内のインフォーマルなネットワークを通じて説明に行くなど、あらゆるルートを活用しました。

幸運にも、私はヤフーで10年近く仕事をしていましたし、私の人材に対する考え方を理解してくれる人は少なくなかったので、説明をする機会をもらうことに苦労はしませんでした。しかし、表面上は協力的でも、実際にやってもらえるかどうかは別です。通常業務で十分に忙しいのに、新しい制度を導入することは骨が折れる作業です。

この段階で、私たちが留意したことは、**ほかの人事制度との補完関係を説明することと、人事が伝えたいことを伝えるのでなく、社員の疑問に答えること**でした。

まず、人事制度の補完関係は、私が学んだ神戸大学ＭＢＡの平野光俊教授から教わったことで、人事は一つの人事制度だけで考えるのではなく、複数ある人事制度との関連性を考えないといけない、という意味です。具体的には、ヤフーの１ｏｎ１は人事評価にどう結びつくのか、また管理職の職務定義と１ｏｎ１をどのように関連させるのか、仮に個人の業務成果が優れた人が、１ｏｎ１をしない場合はどうなるかなど、ていねいに説明していきました。また、説明ではできるだけＱ＆Ａを多くしたり、質問に個別に答える時間を増やすなどして、社員の疑問にも答えるようにしました。

一般的に人事は、説明する人や説明する対象によって説明が異なることを嫌います。そのため、同じ資料を用いて、同じ内容の説明を、大人数に対して数回実施するという方法をとりがちです。それは正しいことだと思いますが、このように新しい試みを行うときは、伝える情報にばらつきが生じたとしても、社員の疑問を解消することを優先すべきだと思います。

この時点では、１ｏｎ１に前向きな人と、反対な人、懐疑的な人が混在していました。１ｏｎ１に反対な人は、その理由を言ってくれるので対策も打ちやすいのですが、懐疑的な人への対応には苦労しました。人事がどれだけ説明しても、１ｏｎ１をする理由がわからない、１ｏｎ１をするのは気持ち悪い、などと陰で言われていました。人事のなかにも、言葉に出さないものの、１ｏｎ１に疑問を持つ人もいたと思います。

一方で、僕を知る人やコミュニケーションの重要性を理解する人も、少なからずいました。たいていの場合、これら1on1に好意的な人の声は、人事には届きにくいものです。こうなると、後はやり続ける覚悟の問題でした。覚悟を持つ上で、社長（CEO）の宮坂学や、副社長（COO）の川邊健太郎の理解は大きかったと思います。

経営層を巻き込む

1on1導入時における私たちの狙いは、「下手でもよいからできるだけ多くの人に1on1を経験してもらう」ということでした。1on1のよさはやってみないとわからないので、一度でいいから経験してもらう。この時点で1on1に反対したり、懐疑的な人は、1on1を知らないで反対しているのだから、まずは経験して、1on1を実感してもらうことを目指しました。

そのためには、役員など上級管理職を味方につけるのは重要な作戦の一つであったと思います。ヤフーでは、宮坂や川邊をはじめとする**経営陣全員が1on1の重要性を理解し、率先垂範してくれたこと**が効果的でした。たとえば、導入初期においては、忙しい合間を縫って1on1の導入研修に受講者として参加してくれましたし、川邊の予定表は今でも多くの時間が1on1で占められています。

このことにより、初めのうちは半信半疑だった管理職たちも、重い腰を上げざるをえなくなりました。また、1on1をせざるをえない仕組みをつくることも大切です。多くの社員が大切な業務時間を削って1on1をしているのに「やらなくても大丈夫」と思わせてしまうのは得策ではありません。そのため私たちは**1on1チェック**という仕組みをつくり、1on1の実施状況を可視化しました（1on1チェックについては、後で詳しく述べます）。

また、同時に、自分が活躍するのではなく、「部下が活躍する舞台をつくるのが上司の仕事」であり、それができない社員は管理職からは外れてもらうというメッセージを示しました。ヤフーに限らず、会社には管理職が向く人と向かない人がいます。これは良い悪いではなく、パーソナリティやこれまでの経験によるものです。部下のマネジメントが向かない人は、無理に管理職にならず、プレーヤーとして才能と情熱を解き放つ仕事ができればよいと私たちは考えています。そのため、ヤフーにとって1on1をうまくできないということは、管理職も不向きであるかもしれないということも繰り返し伝えました。また、実際に大規模な人事異動も行いました。

その結果、ヤフーが1on1を導入し始めたころ、ヤフーが入っていたオフィス・ビルの近くにある書店で、コーチングやカウンセリングなど、1on1の技術の向上に参考になりそうな本が長い間ベストセラーになるというできごとがありました。おそらくヤフーの管理職が自らの1on1のレベルを上げようとして、購入したのではないかと思います。人材育成に携わる方ならばイメージしやすいと思うのですが、研修で本を無料配布しても、その本を読む人はあまりいません。研修の参加者は有意義な本であるとわかっていても、読む時間を割いて、さらに本に書かれていることを実践することは難しい。しかし、社員が自ら学ばざるをえない仕組みや仕掛けをつくれば、社員が自分で本を購入して、1 on 1に活かそうとする。1 on 1に限らず新たな人事制度を導入する場合、このような仕組みや仕掛けが必要なのだと思います。

1on1の技術を磨く

社員が1 on 1を経験したら、今度は1 on 1を継続するための施策を実施する必要があります。ヤフーではプロダクトや技術を「磨きこむ」という表現をよく用いますが、何となくできるようになった1 on 1の技術を、さらに磨きこむというイメージです。

そのために行ったのは1 on 1を上手くするための研修です、具体的には、前章で取り上げた、応答技法を高めることに注力しました。応答技法とは、部下の発言にどのように答えるかを指します。第3章で説明したアクティブリスニングやレコグニション、コーチングなども応答技法の一つです。

ここで強調したいのは、応答技法は「技術」であること。技術である以上は、習得の早い遅いはありますし、抜群に上手になる人とそうでない人はいますが、正しく学べば誰でも一定以上の水準になります。練習すれば誰でもリンゴの皮を美しく、長く剝くことができるようになるのと基本的には同じです。また、応答技法については、カウンセリングやコーチングに関する書籍や教材のなかで多くの参考事例が解説されています。1 on 1に取り入れて実践トレーニングすることで上手にできるようになっていきます。

また、ヤフーではシャドーコーチングというトレーニング方法も取り入れています（図4参照）。これは5人一組で行います。一人が上司役、もう一人が部下役を務め、上司役と部下役それぞれの後ろにシャドーがつきます。シャドーは上司役、部下役それぞれの聞き方、話し方を観察する役割です。残りの一人は、この対話全体のオブザーバーを務めます。

対話が終了した後、上司役は、それぞれのシャドーとオブザーバー、そして部下役からフィードバックを受け、次回以降に活かします。

その効果は、とりわけ絶大です。これら5つの役割を順に交代しながらセッションを繰り返すうちに、対話の質がみるみる変わっていくのです。「人のふり見てわがふり直す」を地で行くわけですが、さらにシャドーという他者からのフィードバックが効くのです。

また、これらの効果を各自が把握できるように取り入れたのが1 on 1チェックというアセスメントの仕組みです。これは、部下の側に、自分が受けた1 on 1を点数化してもらい、それを上司にア

図4　5人一組で行う「シャドーコーチング」

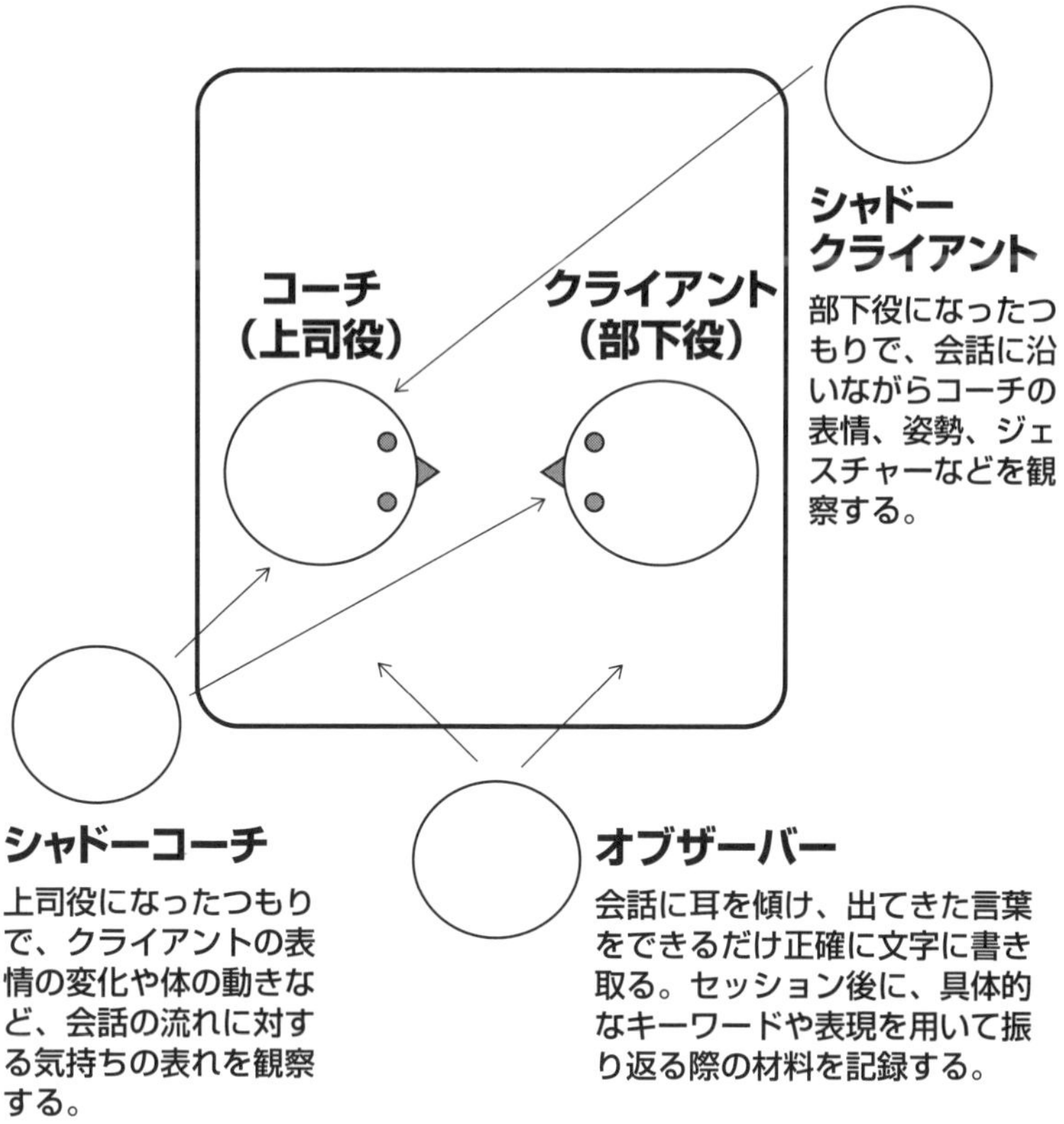
シャドー
クライアント
部下役になったつもりで、会話に沿いながらコーチの表情、姿勢、ジェスチャーなどを観察する。
コーチ
（上司役）
クライアント
（部下役）
シャドーコーチ
上司役になったつもりで、クライアントの表情の変化や体の動きなど、会話の流れに対する気持ちの表れを観察する。
オブザーバー
会話に耳を傾け、出てきた言葉をできるだけ正確に文字に書き取る。セッション後に、具体的なキーワードや表現を用いて振り返る際の材料を記録する。

図5 「1 on 1チェック」のフィードバック画面

調査項目			1	2	3	4	あなたの平均	全社平均
内省効果	1	仕事を通して得た経験を定期的に振り返る機会となっている	0	2	2	4	75.00	[illegible]
有効な気づき	2	対話を通して新しい行動に繋がる気づきが得られている	0	1	5	2	71.00	[illegible]
キャリア自律	3	適切なタイミングで今後のキャリアを描くための支援が得られている	0	3	4	1	58.38	[illegible]
目標達成・評価	4	業務遂行上の目標達成に向けた支援が得られている	0	2	4	2	66.75	[illegible]

・調査項目の回答選択肢1～4は「1 当てはまらない」「2 あまり当てはまらない」「3 やや当てはまる」「4 当てはまる」です。
・各質問項目の右の数字は、1on1を実施していると回答したフォロワーのみを対象とし、回答者の分布を人数で表示しています。
・「あなたの平均」は、回答選択肢1, 2, 3, 4を、それぞれ0,33,67,100に置き換え、分布人数とかけて100点満点で表示しています。
・「総合質問」の欄は「1on1があなたにとって総じてどのくらい役立っているかをご回答ください」に対する回答結果を反映しています。

総合平均	総合全社平均
67.78	[illegible]

コメント1	業務を進めていくための非常に良い時間となっています。
コメント2	1on1の際には、親身になって話を聞いてくれて、かつ成長に向けた具体的なアドバイスをいただけており、自身だけでは到達出来なかった考えや、気づきを与えていただいております。
コメント3	毎週お話させていただく中で徐々に自分のやりたいことが見えてきている気がします。

総合質問	フォロワーの回答	全社の回答(%)
とても役立っている	6	[illegible]
まあまあ役立っている	2	[illegible]
あまり役立っていない	0	[illegible]
まったく役立っていない	0	[illegible]
実施していない	0	[illegible]

セスメント結果として返します。

図5にフィードバック画面の一部を示しましたが、点数化の指標は「内省効果」「気づき」「キャリア自律」「目標達成・評価」。これを3カ月に1回実施します。大事なことは点数の高低ではなく、ビフォーとアフターの差です。アセスメント結果を振り返りの材料にして、クオリティを上げてもらうことがポイントです。

たとえば、1on1チェックの結果、総合点で70の人と60の人がいたとします。2人を比較すると、70の人の方がよいと考えがちです。しかし、この差は部下が上司に対して、どのくらいの期待を持っているかにもよります。ポイントが60だった人の部下は、1on1の可能性をあまり信じていないのかもしれない。数値の高低だけでなく、その意味を考えて次の行動を考えることが大切です。上司と部下の意識にズレがないかどうか確認するという狙いもあります。仮に

図6　1 on 1の質向上サイクル

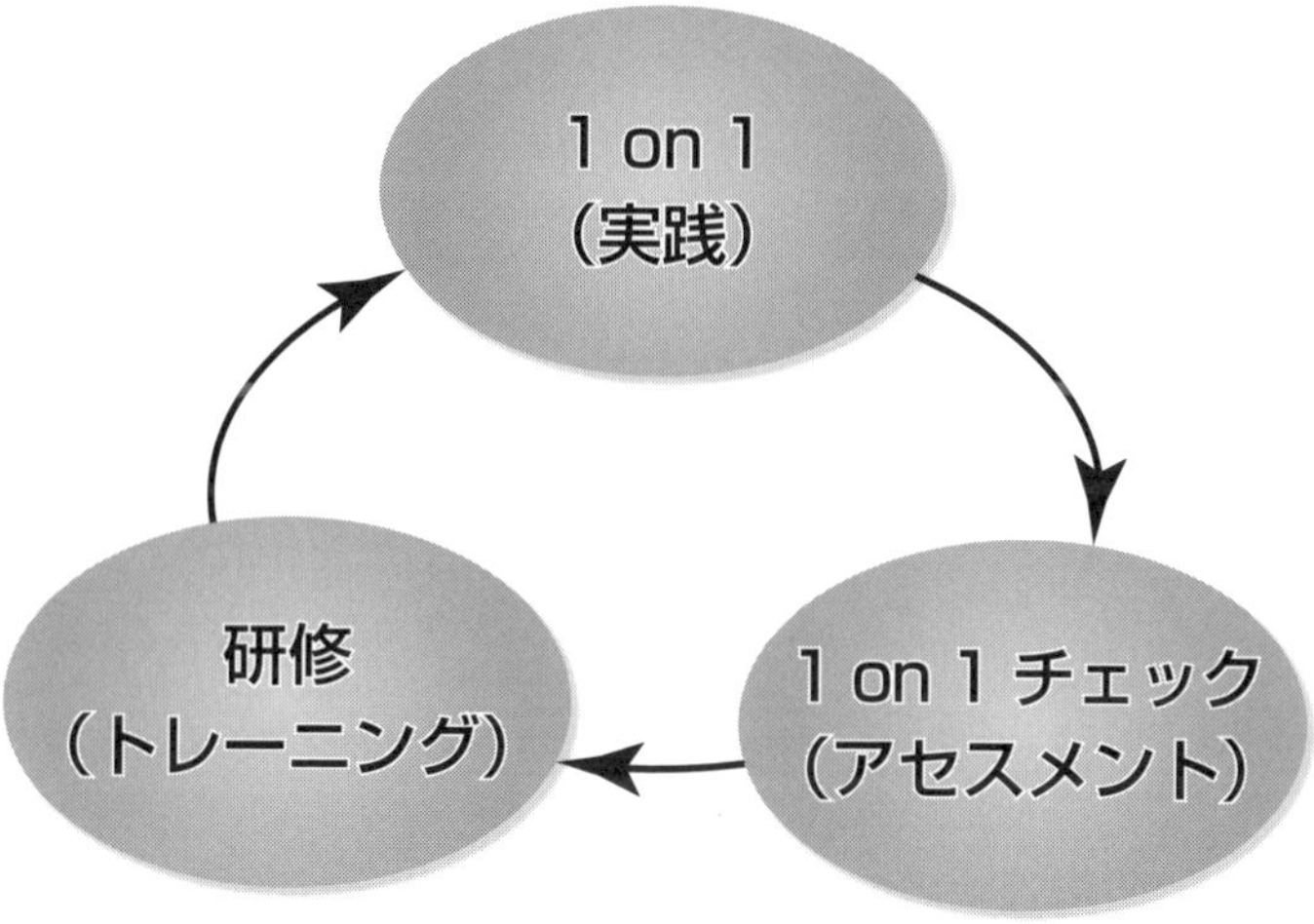

ズレがあれば解消して、1on1をより有意義な場にしていってほしいと考えています。

さらに、社内コーチの養成も同時に行ってきました。社内コーチは、いわば1on1のエバンジェリスト(伝道師)であり、1on1のやり方に迷った人にとっての相談役であり、人事部門の同志でもあります。人事から全社員に対して、どれだけ1on1が重要だと説明しても、限界があります。社内コーチは、人事の意図と現場の感覚がわかるので、現場に適した方法で、1on1の浸透を図ってくれる頼もしい存在です。

社内コーチ候補生は、前述したコーチング研修を受けるほか、全員が社外のプロフェッショナルについて、より専門的にコーチングを学んだ人たちです。また、2人一組で互いにコーチングし合うピア・コーチングという練習方法も取り入れています。上司と部下といった上下関係ではなく、同じ立場にある候補生同士で行う自主トレーニング方法です。これらによって、コーチングの経験を積み、対話のクオリティを高めていきます。このようなやり方で養成され、認定された社内コーチは、100人近くにまでなっています。

応答技法を高めるための取り組みを図6に示しました。1on1を実践し、3カ月に1回、1on1チェックで振り返り、点数化します。点数が低かったマネジャーは研修を受けて、レベルアップを図ります。つまり、やりっ放しで終わらせず、1on1の経験学習サイクルをまわすことによって、技術を高めていくわけです。

このサイクルとは別に、社内コーチはより専門的にコーチングを学び、1on1をサポートする役割を担うのです。

社員が「独自のかたち」をつくり始めた

ある程度1on1が浸透してくると、1on1が自分の手から離れていくような感覚になります。人事がリードすることなく、組織単位で1on1の勉強会が行われたり、1on1が派生してツーオンワン（上司2人に対して、部下が1人）や、なため1on1（上司・部下以外の関係で行う）が行われたりしました。

また、ヤフーでは定期的に組織ごとに従業員満足度（ES：Employee Satisfaction）を測定していますが、ESを改善させるために管理職が1on1を学び直すことも行われるようになりました。加えて、1on1が社内用語になり、「1on1をしたら？」とか「1on1でこんな話が出た」と、社員が普通に1on1という言葉を使うようになりました。

このように、当初のイメージを超えて、1on1が拡がり始めるような感覚がありました。それまでは、人事が1on1を実施する理由をさまざまな手法で説明してきたわけですが、自分が説明していない内容であっても、1on1の理念を社員それぞれが咀嚼し、独自のかたちにしてくれるようになりました。こうなると、1on1も1つの組織風土となり、次のステージに上がったように感じました。

その一例として、ヤフーのメディアカンパニー アプリ推進本部 アプリ開発推進部の吉川祐介さんの事例を紹介します。

吉川さんは、1on1のクオリティを上げるために工夫をして、「人材フレームワーク」という記入フォーマットをつくりました。

「1on1のアセスメントで、私は平均以上の点数をもらっていました。ただ、1on1のやり方は決して方法的であったわけではなく、感覚的なところがありました。そこで何らかのかたちをつくって、リーダー間で共有できれば、会社全体が底上げされると考えたのです」

この記入フォーマットを使って吉川さんはメンバーと1 on 1をします。図7、8に示したように、そのフォーマットには、今週は何をして、何を学んだか、自分なりにどうだったかを書いてもらいます。リーダーは1 on 1の後に、メンバーがどんなことを話していたかなどをフォーマットに書き入れます。これはメンバーには見せず、同じチェックシートを使っているリーダー同士で持ち寄って意見交換をします。「○○というアドバイスをすることによってメンバーの行動が変わった」、というような情報を共有するのです。

このやり方で吉川さんと計8人のリーダーで共有した結果、1 on 1チェックの評価は、全員が平均値を超えたそうです。前期は平均以下だった人も、かなり伸びたと言います。アセスメントでは伸びの悪い項目もわかるので、それについての対応策を考えることができるのも、この手法の優れたところです。

また、1 on 1の運用についても、吉川さんは興味深い話をしてくれました。たとえば、1 on 1の日時は木曜日午後3時から5時がベスト、と言います（次点で水曜午後、金曜午後）。

なぜかというと、木曜日であれば1 on 1をした後に宿題などのタスクができます。これが金曜日の遅い時間だと、宿題は忘れてしまうし、月曜日や火曜日だと先週のことを覚えていない。

また、午前中は朝会→集中タイムになるケースが多いので、避けた方がいい。午後3時から午後5時は、ちょうど一度、集中力が切れるころなので、そのタイミングがちょうどいい。

これまでの経験から編み出した、最適の手法なのだと思います。

このような創意工夫の事例は、おそらく他にもあるのでしょう。１ｏｎ１は組織に相当程度浸透し、組織の風土になりつつある。吉川さんの取り組み例は、そのことを示していると思います。

図7　社員がつくったオリジナルの記入シート①

期間	

項目	うまくいった点	うまくいかなかった点
進捗確認と相談		
相談の分類とリーダーアクション		
内省の促進 気づきの質問		
ポジティブフィードバック		

↓

メンバーの行動変化／成長内容	フォロー上の課題

図8　社員がつくったオリジナルの記入シート②

期間	
仕事内容	

経験したこと	学んだこと

経験の姿勢	ストレッチ	挑戦的な課題であった	5　4　3　2　1
	リクレクション	よかった点、改善点を見つけた	5　4　3　2　1
	エンジョイメント	やりがい、意義、面白さを感じた	5　4　3　2　1

←その通り　違う→

フリー欄

4-2

対談……❸

人事が理想を語らなければ、いったい誰が語るのだろう

松尾睦・北海道大学大学院経済学研究科教授に聞く

まつお・まこと　北海道大学大学院経済学研究科教授。小樽商科大学商学部卒業。北海道大学大学院文学研究科（行動科学専攻）修士課程修了。東京工業大学大学院社会理工学研究科（人間行動システム専攻）博士課程修了。英国ランカスター大学よりPh.D.（Management Learning）取得。塩野義製薬。東急総合研究所、岡山商科大学、小樽商科大学、神戸大学を経て現職。主な著書に『経験からの学習：プロフェッショナルへの成長プロセス』（同文舘出版）、『職場が生きる　人が育つ「経験学習」入門』（ダイヤモンド社）、『成長する管理職：優れたマネジャーはいかに経験から学んでいるのか』（東洋経済新報社）など。

松尾睦さんが書かれた『職場が生きる　人が育つ「経験学習」入門』（ダイヤモンド社　２０１１）には大いに啓発されました。ヤフーでは全役員がこの本を読んでおり、１ｏｎ１をはじめとする人材育成の考え方と手法に多大な影響を受けています。経験学習の考え方を浸透させるため、１ｏｎ１のスタート時に、研修の講師としてお招きしたこともあります。経営学の立場から人材育成のマネジメントを研究されている松尾さんの目には、１ｏｎ１はどのように映っているのでしょうか。

＊＊＊

一人では内省できなかった

本間　「あの選手は何を言っても理解しない」という言い方があります。私はもともとスポーツの業界にいましたが、そこでしょっちゅう耳にしてきた言葉です。ところが、ビジネスの世界でも、部下についてこう言う人がいますよね。では、理解しないのは誰が悪いのかというと、選手でも部下でもなく、言っている側だと思います。言っている側が、選手や部下に内省の機会を与えていないから「理解しない」となるのです。

松尾　その通りだと思います。知人のコンサルタントも「何を言っても理解しない」と言われていた人に対して、とにかくじっくりと話を聞いたところ、受け身だったその人が、行動を起こすようになったと言っていました。

内省は、自分一人でもやろうと思えばできますが、出口のないところをまわるだけだったり、空まわりしたりしがちです。対話で内省をすることで気づきが得られることは、私も普段から感じています。

本間 私も「どうしたら内省できますか」と聞かれたとき、一瞬、言葉に詰まりながらも「一人になることだよ」と答えたことがあります。私自身も、松尾先生から経験学習の何たるかを教わったとき、高級ノートと高級万年筆を買ったことがあります。それを使って内省しようと思ったんです。でも結局、ノートはきれいなまま。万年筆はどこかへ行ってしまいました。一人では内省できなかったんです。そこで改めて経験学習とは何かを考え直し、コルブのサイクルをまわすには、人の助け、対話が必要だと思い至りました。

松尾 それが、ヤフーで1 on 1を始めるきっかけにもなっているのですか。

本間 そうです。

松尾 しかし対話でも、うまくコルブのサイクルをまわせる場合とそうでない場合がありますね。実際のところ、コーチングもかなり難しいのではないかと思うのです。本当にうまくそれができるのか。

本間　そうですね。ですから、ヤフーで行っている１ｏｎ１も、実際のところは傾聴が中心です。とにかくしっかり聞くことを重視していて、聞けない上司には研修を受けてもらいます。

傾聴するとは、真剣に聞くことではない

松尾　ただ、傾聴も難しいですよ。私は大学院で指導しているので、学生の話を聞こうという思いは持っています。ストップウォッチを手に「とりあえず5分は聞くことに徹するぞ」と思っても、「それはよくないね」「こうした方がいい」と、つい、言ってしまう。かなり我慢しているのですが。

本間　それはなぜでしょうか。

松尾　言ってしまったほうが早いと思っているからです。本間さんにお聞きしたいのですが、どうして聞くことに耐えられるんでしょう。

本間　傾聴するとは、真剣に聞くことではないと思っています。むしろ、話の中身はまったく頭に入れず「へえ」「そうなんだ」と返事をしていれば、話している側は勝手に内省を深めていくこともある。

松尾　なるほど。ただ、それができる人もいる一方で、マイクロマネジメントをしたがる上司

もいますね。

本間　います。でもそういう人にも、傾聴はするように言っています。それから、コーチングに興味を持つのならば、その方法も伝えています。

松尾　コーチングとは、アドバイスのようなものですか。

本間　アドバイスというよりも、部下が効率的に学ぶために上司が投げかける質問ですね。１on１のなかで上司が効果的に質問できるようになると、１on１の質は格段に上がります。それは、上司も部下もはっきりと実感できます。ヤフーの１on１で頻繁に用いる三本の矢のうちの一つです。

松尾　残りの二つは何ですか？

本間　フィードバックとティーチングです。フィードバックは、鏡のように部下の様子を映して上司が返すこと。ティーチングは、教えてしまった方が早いというようなこと。「僕のＰＣがウィルスに感染したらしいんです」と言われて、「すぐにネットワークを切って、システム部に持って行って」と返す例をよく使います。

松尾　ヤフーの１on１では、上司はこの三つを行っているのですか。

本間　進捗確認を含め、四つを行うことを最終的な目標にしています。でも実際は、１on１の時間を、進捗確認だけで終わらせてしまう上司もいます。

松尾　それはどうやったらわかるのですか。

本間　1on1がどのように機能しているかを把握するため、1on1チェック（P.160参照）を行っています。そこからわかるのは、今や上司は進捗確認すらするのが難しい状況にあるということです。

進捗確認だけでは部下の内省はなかなか進まない

松尾　部下の進捗管理をせず、上司は何をしているのですか。

本間　自分の仕事です。多くの上司は今、プレーイングマネジャーなので、自分の仕事に一生懸命で、部下と話をする機会がないんです。

松尾　ああ、なるほど。

本間　だから、週に1度30分間は1on1で話をするようにというルールは、上司にとっても部下にとってもいい口実になるんです。お互いに忙しいですから上司は部下に「ちょっと報告しろ」とはなかなか言えないし、部下もバタバタしている上司を捕まえて「話を聞いてください」とは言いにくい。だから会社がルール化することが大事なんです。

ですから、そこで行われることが進捗確認に終始していても、話をしないよりはましです。

ただ、進捗確認だけでは部下の内省はなかなか進まないので、その上の、コーチング、フィードバック、ティーチングまでステップアップさせられれば理想的だと思っています。

松尾　ステップアップのために行っていることはありますか。

本間　社内で研修を行っています。

松尾　外部のコーチング会社に研修を依頼することはないんですか。

本間　オリジナルでやっています。というのも、外部のコーチング会社の方が教えるコーチングは基本的に、コーチは社外の人であり、コーチングは上司が部下に対して行うものではないからです。コーチが社外の人の場合、たとえば「そんなことないだろう」と否定しないというメリットがある一方で、コーチを受ける人を甘やかしてしまう可能性もあると思っています。つまり、コーチングを受ける人の方向性が、会社の方向性と異なっていても、それを認めてしまうようなことも考えられます。つまり、部下の才能と情熱を解き放つのではなく、単に部下を気分よくさせるだけの「1 on 1おじさん」「1 on 1おばさん」を育成してしまう恐れがあるのです。僕らとしてはそれでは困るので、研修は社内で行っています。

松尾　その研修ではどんなことを行っているんですか。

本間　非常に基本的なことです。傾聴と応答技法の練習が中心です。たとえば「こういう調査をしました」と部下が言ってきたとします。そのとき、「そんな調査に意味はない」と言ってしまう上司もいるんです。でも、調査の結果に意味がなくてもまずは「ああ、調査したんだ。頑張ったね」と言わなくてはいけない。そうすれば必ず部下の側から「でも、こういう問題があるんです」と言ってきます。

松尾　研修を受けた人は変わりますか。

本間　変わります。初めて管理職になった人に受けてもらっていますが、半日で激変します。なかなか変われない人も、もう一度研修を受けられますし、受けに来る人はいます。それに、管理職のうちのかなりの割合の人は、人材開発やコミュニケーションに強い興味を持っています。だから、最初の部分だけ教えれば、あとはコーチングの本を自分で買って勉強する人も少なくありません。大切なのは、きっかけと方向づけだと思います。

管理職の仕事は部下が活躍する場をつくることだ、と定義を改めた

松尾　ただ、テクニックが身につくと、マンネリ化しませんか。

本間　マンネリ化はないです。１on１はうまくやれば効果を感じられるので、さらに技術を向上させようという気持ちになるはずです。続けると、見えていなかったものが少しでも見えたとか、職場の雰囲気がよくなったとか、効果は必ずあります。ただ続けるために、ヤフー

では、社長・副社長が1on1にコミットしていますし、私も繰り返し重要性を口にしています。それから、1on1チェックも行っています。

松尾　その三つがあるから、現場に負けずに済むのだと思いますね。確かに現場は忙しいのですが、それを理由に方針を変えたら、1on1はあっという間に形骸化するでしょうし、1on1チェックというアセスメントがあることが本気で取り組むべきものだという意識を醸成しているでしょう。

本間　だからこそ、ある程度、1on1をヤフーの文化にできたのだと思います。今でも「忙しいのに」「この時間を使えばもう一件お客様のところに行けるのに」と言われることはありますが、でも、全体としては「1on1はいいものだ」という認識ができ上がっています。

松尾　そこまで来るのに、どれくらい時間がかかりましたか。

本間　2年くらいでしょうか。ただ、1on1のスタート時に、もう一つしたことがあるんです。それは、管理職の定義の見直しです。以前は、プレーヤーとして優秀だった人をそのまま管理職にし、プレーイングマネジャーとして働いてもらっていましたが、管理職の仕事は部下が活躍する場をつくることだ、と改めたのです。

松尾　管理職には、プレーヤーとしての要素は求めない、と。

本間　そうです。プレーヤーが向いている人は、プレーヤーのポジションで頑張ってもらうことにしました。ヤフーにおける上司とは、部下から「あの人についていきたい」と思わせる存在でないとならなくて、ではどうしたらそれができるのかというと、1on1を活用しましょうということなんです。

松尾　管理職の定義を見直したことによって、管理職から外れた人もいますか。

本間　います。

松尾　私には少し苦い経験があります。管理職を対象に経験学習の研修を行ったとき、聞いている人のなかに、明らかに響いていない人がいるんです。研修中は確かに聞いてくれているのですが、後でアンケートを見ると、まったく理解してもらえていない。そういう人にも「なるほど」と思ってもらいたいと考えてきたのですが、今の話を聞いていると、理解できない人、できない人はその場からどいてくれということなんですね。

本間　基本は適材適所です。ヤフーでは「役職は配役」と言っています。出演する映画やドラマによって配役が変わるように、社員の役職も変わっていく。これまで主演だった人が、次の映画では助演にまわるということがあってもいいと思うんです。なので、一度管理職を外れて、再び復帰した人もいます。

松尾　いるんですか。

本間　はい。おそらく多くの管理職は、自分の仕事を明確に定義できていないと思います。売り上げることなのか、部下を育てることなのか、よくわかっていないんです。それは、本人のせいというよりも、会社が「こうあるべきだ」という姿を示せていないからです。今回、ヤフーはそれを示せましたし、それに合致しないとどうなるかも目に見えたので、努力の方向が明確になったのだと思います。ですから、松尾先生の経験学習がどれだけ素晴らしくても、導入する側が「それで行くんだ」と態度を明確にしないと、研修を受けている管理職の理解は得られないと思います。

部下一人一人の価値観を知り、それに合わせて仕事を割り振る

松尾　1 on 1は、かたちばかりをまねしてもダメですね。部下が「自分のために役に立つ時間だったと思えること」というのはつまり、存在を認めてもらっているということですね。

本間　「忙しいからお前の話を聞く時間はない」ではダメなんです。

松尾　ちょっと話を戻しますと、本間さんが1 on 1をやってみようと決めて、すぐに制度化できたわけではないですよね。

本間　そうです。ただ、仕事のアサインはできる立場にいたので、その人がやりがいを感じる仕事の割合を増やすことはしていました。そうすると、たとえ給料が上がらなくても、一生懸

命仕事をしてくれるんです。

松尾　それは部下一人一人の価値観を知り、それに合わせて仕事を割り振るということですね。今、ヤフーが取り組んでいる「人財開発会議」は、一人一人のキャリアパスを直属の上司はもちろん、斜めの関係の上司も一緒になって考える仕組みにつながっていそうですが。

本間　以前勤めていた会社の先輩が、自治体に出向したことがあるんです。そのとき僕は自治体を「ぬるい組織」だと決めつけていて、その先輩にもはっきりとそう言いました。でも、先輩は、こんな話をしてくれたんです。

「その自治体では、若手一人一人について、上の人たちが次はどこに異動させて、どんな経験をさせるのか、時間をかけて真剣に話し合うんだぞ。今勤めている会社に、そんな文化があるか」と。

それまで半ばバカにしていたくせに、僕はその寄ってたかって人を育てる文化を、素晴らしいなと思いました。そして、ヤフーで３００人くらいの組織にかかわることになったとき、これを人財開発会議として始めました。ただ、人財開発会議は、あくまで本人のキャリア発達を支援することです。ときにはある管理職に対して「あなたは彼（彼女）を都合よく使って、キャリアの芽を摘んでいるんじゃないか」といった話が出ることもあります。これは複数の人が一人のキャリアを考えるからできる話し合いですが、人財開発会議はただの噂話の場で終わってしまうのではないかという危惧もあります。なので、ファシリテーターを設定しています。「あいつはいいやつだ」「頑張っている」という評価にも注意が必要で「それは具体的にどういうことなんですか」と掘り下げていくと、実はいいやつとか頑張っているという評価が適切ではないとわかることがあります。もちろん、逆のこともあります。

枠にはめようとするのではなく、本人の可能性を見出したい

松尾　1on1も人財開発会議も、上司にとって必要な業務とはいえ、時間がかかりますね。

本間　「本間のせいで管理にかかる時間が増えた」とは言われています。でも、人材開発の重要性は理解してくれています。批判的な意見も聞きますが、それはやり方などが問題なのであって、1on1を否定するものではない。だから、人事はあらゆる声に耳を傾けて、改善を続けていく必要があります。これはしんどい作業です。

松尾　しっかり定着させるには、人事の覚悟が必要ですね。

本間　そうです。現場の顔色をうかがってばかりでは制度として定着しません。

松尾　1on1と人財開発会議の間にはどういう関係があるのですか。

本間　どちらも一人一人の「才能と情熱を解き放つ」ために行っています。枠にはめようとす

るのではなく、本人の可能性を見出したいと思っています。それから、人財開発会議でどんな話があったかは、1on1などで本人にフィードバックするようにしています。伏せるところは伏せると約束をしますが、それ以外は伝えることにしています。その上で「どうする？」と投げかけます。

松尾　見方によっては「才能と情熱を解き放つ」なんて、しょせんパフォーマンスでしょうと言うこともできます。そんなことよりも企業にとって大事なのは利益だろう、という考え方は根強いものがあるでしょう。

本間　そうですね、だからこそ人事が理想を語らなければならないと思っています。人事が理想を語らなければ、いったい誰が語るのだろうという思いが私にはあります。

松尾　定着させるには仕組みが必要という話でしたが、人事の思いも大事なんですね。

4-3 1on1のFAQ

1on1のやり方について一通り述べてきましたが、実際の運用については、さまざまな疑問があるはずです。社内外でしばしば聞かれる疑問について、FAQとしてまとめました。

［基本編］

Q1 毎日、部下とコミュニケーションがとれていれば、1on1は不要ではないでしょうか。

A　まず気になるのは、コミュニケーションの定義です。あなたの組織におけるコミュニケーションの定義は何でしょうか。ヤフーでは、「自分の意図を相手が理解し、実際に行動する」ための方法論として、コミュニケーションをとらえています。

その前提で、コミュニケーションがとれているなら素晴らしいことですが、部下の方は、そのコミュニケーションに満足しているでしょうか。

1on1とは、上司が部下の話を1対1で聞くために、明示的に設けられた機会のことを指します。重要なのは、部下が1on1を「自分のために定期的に確保されている機会」と感じられることです。質問者の言う「毎日のコミュニケーション」を部下がどうとらえているか、今一度考えてみてください。

Q2 リーダーとメンバー、本部長と部長など、職位によって1on1が果たす機能は違うのでしょうか。

A 基本的には同じです。1on1では、仕事の振り返りや、対話をきっかけとした気づきを通して、目標達成支援とキャリア自律支援を行うことを担います。

ただし、それらの比重は個々の置かれた立場によって変わるため、結果として、職位によって内容が変わることはあります。

これは経験的にわかることですが、本部長の1on1が上手だと、部長の1on1も上手なことが多く、部長の1on1が上手だと、課長の1on1も上手な傾向があります。なぜなら、自分がよき

１on１を経験すると、それを部下にできるからです。その意味においても、職位が上がれば上がるほど、１on１を学ぶ必要があります。

Q3 年上のベテラン部下から、「１on１は不要」と言われてしまいました。どうしたらよいでしょうか？

A　１on１は誰にとっても有効な内省手段なので「年上のベテラン部下」にも不要ということはありません。しかし、実施目的や効果について、認識を一致させないまま無理強いしても、成果は得られないでしょう。

そもそも、部下が不要と言ってくるのは、信頼関係が構築できていない可能性があります。定期的な１on１を始める前に、普段のコミュニケーション頻度を上げ、互いに苦手意識を緩和しましょう。朝夕、必ず一度は声をかけるなど、自分に義務を課してください。

このとき意識すべきなのは「コミュニケーションは頻度」ということです。思い出したころに長い雑談をするくらいなら、毎日短い言葉を交わす方が効果的です。

今後、どの職場においても、年上の部下を持つ上司が存在する確率は高くなると思います。そのとき、

1on1は有用なコミュニケーション手段になりえます。上司にとって、年上の部下を持つのはストレスフルなことかもしれませんが、役割と割り切って、1on1をうまく活用してください。

Q4 新人社員など、知識や経験が少ない相手に対してもコーチングは必要ですか。ティーチングだけで十分ですか。

A　コーチングも必要です。仕事に必要な最低限の知識と業務ルールは教える必要がありますが、あとは新入社員の既存能力と期待される成果との組み合わせによって、その使い分けの比率が変わることになります。新人であっても、考える力は持っています。考えるための材料が与えられた状態なら、コーチングは機能します。

Q5
週に1回・30分間を確保することができません。

A　1on1は、部下に「自分のために定期的に確保されている機会」と思ってもらえるものであれば、毎週であること、1回30分であることにとらわれる必要はありません。隔週でも15分間でもいいでしょう。上司部下で、1on1のアジェンダを事前にメールで決めておくなど、お互いに準備をしておくことによって、1on1自体の時間を短縮することもできます。

しかし、あまり間隔が空きすぎるのは望ましくありません。最低でも3週間に1度は行うようにします。

Q6
1on1に時間を奪われて自分の仕事が終わりません。

A　〝自分の仕事〟とは何でしょうか。上司の仕事が部下の活躍の舞台を整えることであるならば、1

on 1はそのための強力な手段です。上司にとってこれ以上重要な仕事はありません。時間をやりくりして、1 on 1に取り組んでください。

Q7 進捗確認ならば毎回できそうですが、キャリアについての話を毎回するのは難しそうです。

A 毎回、キャリアをテーマにする必要はありません。部下の考える将来像が変化したとき、それについて話せる場であれば十分です。個人的な経験ですが、1カ月に1度、「今月の仕事を通じて、あなたは自分のキャリアのゴールにどれくらい近づきましたか?」と問うてもらうことによって、自分のキャリアを考えるスイッチにしていたことがあります。

Q8
何について話すかを部下に聞いても、毎回のように「特に話すことはありません」という答えが返ってきます。

A　そういう事態に備えて、テーマを2、3用意するようにしましょう。そのためには、普段から部下を観察しておく必要があります。また、こちらからテーマを切り出すのは、あくまでも部下からテーマが出てこなかったときに限ります。

Q9
1on1の目的の一つにキャリア自律支援がありますが、ここで言うキャリアとは、部下の社内におけるキャリアのことでしょうか。それともより広義の、人生全般のキャリアのことでしょうか。

A　社内におけるキャリアのことです。キャリアパスと言った方がいいかもしれません。しかし、社内におけるキャリアを部下自らが考え、そこへ向かって努力するのを支援することは、ひいては、人生のキャリア（ライフキャリア）を支援することにもつながります。

部下の社内でのキャリアの方向性と会社の方向性とが、１００％とは言わずとも、ある程度一致していれば会社にとっても有益ですし、部下も幸せに働くことができるでしょう。

逆にまったく一致しなければ不幸です。１ｏｎ１でのキャリア自律支援とは、部下の方向性を明確にし、それが会社の方向性とどのくらい合致するかを確認することでもあります。もし、ほとんど合致しないようであれば、その部下がこの会社で働き続けることは、部下のためにも会社のためにもなりません。そのような「ずれ」を認識することは、部下の人生におけるキャリア自律支援の一環です。

Q10
１ｏｎ１で知りえた部下のプライベートな話は、どの程度周囲と共有してもいいのでしょうか。

A　共有してはいけません。どこからどこまでがプライベート情報なのか、その認識は人によって違うため慎重になってください。
たとえば「子どもがお受験」「親が通院している」などといったことが、上司を経由して部署に広まることを快く思わない人はたくさんいます。一度信頼を失うと、その再構築は容易なことではありません。一方で、まったく気にしない人もいますが、ここは一般論ではなく、その部下がどう感じているかが、もっとも重要です。

Q11 私が昇進したことで、長らく同僚だった相手が部下となり、その部下と1on1をすることになりました。気をつけるところはありますか。

A　これは1on1に限ったことではありませんが、元の同僚が上司・部下の関係になっても、上司が以前と接し方を変えないため、それが部下にとってはパワハラ的に感じられることがあります。1on1を行うに当たっては、互いに、この1on1は何のためにするものなのかを確認し、上司の側はまずは壁打ち相手に徹するようにしましょう。

Q12
何度か1on1を試みましたが、とても部下の役に立てているとは思えません。

A　質問者は、1on1の目的や効能を正しく理解できていないのかもしれません。1on1によって変化するのは、上司ではなくて部下の側ですから、得てして上司はそう感じがちなのです。もしかすると取り越し苦労かもしれません。それでも不安なら、部下に対して率直に「私との1on1は役に立っているかな？」と聞いてみてはいかがでしょう。質問者が想像しなかった答えが返ってくるかもしれません。

▒1on1という新たな手法をスタートさせるに当たり、人事が伝えたいことを一方的に伝えるのでなく、社員の疑問に答えた。

▒まず社員に経験してもらう。また、経営層を巻き込む。そして、1on1をせざるをえない仕組みをつくる。

▒自分が活躍するのではなく、「部下が活躍する舞台をつくるのが上司の仕事」であり、それができない社員は管理職からは外れてもらうというメッセージを示す。

▒1on1の技術を磨くための仕組みとして、1on1チェック、シャドーコーチング、社内コーチの養成などがある。

Scenery of 1on1……④

[上司]

高橋僚介さん(メディアカンパニー 生活メディア事業本部サービスマネージャー:左)

1on1には事前の予習が欠かせません。今日は何を話そうか、と毎回1人につき5分ぐらい考えます。どんなに忙しくても、それは必要です。

1on1については、「強制的にやらされるのはちょっとなあ」と反対派でした。日々のコミュニケーションで十分だと思ってもいました。しかし、今は1on1を通じてでないと深みのあるコミュニケーションも得られないと思っています。込み入った話も、普段のコミュニケーションでは難しいことにも気がつきました。各メンバーからキャリアプランや人生観などについて聞けていなかったと感じます。

新しくリーダーになった人からは「1on1のやり方を教えて欲しい」といわれることがありますが、その人なりのやり方をすればいいのではないか、と思っています。

[部下(取材当時)]

山崎英海さん(右)

1on1の前後で何が変化したかと聞かれてもパッとは出てきませんが、ただ、自分が1on1をやっているということは、他の人も受けているということ。リーダーが常に全メンバーと1対1で情報共有をしている。それを認識できているのが個人的には大きな違いだと感じます。以前は、リーダーがどのメンバーと情報交換をしているかわかりませんでしたが、今は、自分の1on1の内容からも推測できるし、全員がしているという認識があるので、メンバー間の情報交換はしやすくなったと感じています。

第5章 ヤフーが人財開発企業を目指す理由

なぜ1on1を始めたのか。
社員が「才能と情熱を解き放つ」ことを、
なぜ会社が支援するのか。
最終章では、ヤフーの人材育成の根幹にある考え方をまとめました。

5-1 組織と働く個人のかかわり方のギャップを修正する

誰もが才能と情熱を解き放って満足できるような仕事がある

ヤフーの1on1について社外で話をさせてもらう機会がしばしばあります。そのときに、必ず聞かれる質問が「才能と情熱を解き放つというヤフーの考え方は結構であるが、それで会社がまわるのか？」です。この問いの意味は、1on1のような利益に直接関係しないことに時間を費やして、会社の経営計画を達成できるのか？という意味だと思います。この問いは、ヤフーの1on1を知った多くの方が感じる違和感の表れかもしれません。

そのような質問に対して、私は「経営計画の達成は可能。経営計画を達成するという山の登り方は一つではないが、ヤフーは才能と情熱を解き放つという方法で、経営計画を達成したいと考えています」と答えています。言い換えると、「現時点の自己評価として、すべての社員の才能と情熱を解き放てているとは思わないが、これが私たちの理想であり、人事制度はこの哲学の上にある」ということです。

なぜなら、本人がやりたくなくて、会社がやらせたいという仕事を、目の前にニンジンをぶら下げてやらせる、という方法は、必ずしも効果的ではないと思うからです。

多くの会社において、人事制度は「仕事はお金を稼ぐ手段であり、苦役である」という前提でつくられているのではないかと思います。その結果、評価制度も「会社の利益に貢献した社員に、多く報いる」という論理で設計されているのではないでしょうか。その論理は、「会社への貢献度を正確に測ることができる」という前提に基いています。

しかし、完璧な評価制度はありません。そのため社員としては、本質的に会社の利益に貢献するよりも、評価制度上の評価ポイントを効率的に稼ぐことを意識せざるをえないというのが現実でしょう。

加えて、企業においては年功序列が廃止され、成果主義を取り入れて短期間の業績をもとに社員の報酬に格差をつけたり、リーダーシップパイプライン（後継育成）という仕組みのもと、将来のリーダーを早期に選別しようとする流れが加速しています。このような制度の方向性は正しいのかもしれませんが、社員が不十分な評価制度の上で、ゲームのように評価ポイントを稼いでいかざるをえない状況は、私には許容できません。

私たちは、人事部門の一員である以上、公正で社員が納得できる評価制度をつくるために、努力すべきですし、そのための努力を怠るならば人事からは外れた方がいい。ヤフーの社長である宮坂学は「人事制度は永遠のベータ版である」と言いますが、私も人事制度は永遠に改善し続けるものであり、人事の責任者は改善をリードし続けるべきと考えています。

「仕事はお金のためにするもの」は真実か？

しかし同時に、制度だけではなく、そのもととなる「仕事は苦役である」という前提を疑ってみてもよいのではないかと思っています。

もちろん、仕事は楽ではないけれど、誰もが才能と情熱を解き放って満足できるような仕事があるという前提に立ってもよいのではないか。また、働く人なら誰でも報酬や評価のためだけでなく、感謝されたり、自分が貢献できたとか成長できたと感じることが、仕事を頑張る理由になっていると考えてもよいのではないでしょうか。

さらに、「仕事はお金のためにするもの」という前提も、ときには疑ってみる必要があります。モノやサービスの対価としてお金は有用ではありますが、実のところ、お金自体には価値がありません。お金は食べても美味しくないし、お金で買えないものもある。

とすると、人が働く理由はお金そのものではなく、お金によって手に入れる、食事や住まいや衣料やレジャーなどになるのではないでしょうか。会社は、それぞれの社員が何を必要としているかを十分に把握できないのでモノやサービスと交換できる貨幣（お金）で渡します。それはまっとうな考えで否定の余地はありませんが、それでも、お金の先にある社員の幸せについても、目を向ける必要があるのではないかと思います。

たとえば、ヤフーには、紀尾井町（東京都千代田区）にある本社のほかに、八戸や高知、北九州、大分などに拠点がありますが、拠点の社員と話をしていると、仕事の価値観も異なるところがあるなと感心します。かなり乱暴な分類ではありますが、都心ではお金の優先度が高いように感じるのに対して、地方拠点ではお金よりも、近くに住む人たちとの関係性をよくすることに重きを置いているように感じます。これは、よく生活していくために、都会ではお金が大切であることに対して、地方では地縁が重要であるということを反映しているように思います。言い換えると、都会ではお金があれば何とか生活できるが、地方ではお金よりもコミュニティがないと生活していけないということなのかもしれません。

このように、**会社への貢献をお金で評価し、対価として報酬を払っていればよい、という時代ではなくなっているように**感じています。

会社は仲間同士が刺激し合いながら創発する場である

会社と社員、会社組織と働く個人は、どのような関係であるべきか。私は、そのことをずっと考えてきました。

大学院でカウンセリングやキャリアについて勉強し、スポーツを通じてコーチングの有用性にふれ、ビジネスの場でも試行しながら、必ずしも常に明確な言葉にして考えていたとは言いませんが、組織と個人のあり方は、常に関心事でした。

組織と個人とのかかわり方は、長い期間にわたって揺れ続けてきたように感じられます。バブル崩壊の後、リストラに代表されるような、人がコストとのみ見なされるような経営手法が定着し、年功序列、終身雇用という日本的経営慣行が崩れつつあります。

組織と働く個人の関係の変化は、日本的経営慣行の変化だけにとどまりません。一方でインターネットの普及によって、情報環境が一変しました。ヤフーはＩＴの会社ですから、なおのこと、そのインパクトを実感しています。ＩＴの世界は、一般的にWinner Take All（勝者総取り方式）とも言われ、成果と努力が相関しない世界と言われています。一人の天才が多額の利益を得るという構造は、モーレツ社員と揶揄された過去の日本のビジネス構造とは大きく異なります。

会社と社員との関係も、家族からチームに変わってきているように感じていました。これからの会社はチームであり、社員はプレーヤーとして市場価値に応じた給料を得て、高いオファーがあれば、ためらわずに移籍していく、そのような時代になっていくように感じていました。

考えてみれば、これまで、当たり前とされてきた会社と社員のありようそのものが、大きな変わり目にあるのだと思います。これまでの「当たり前」が、当たり前ではなくなってきた。

そのようななか、２０１２年に思いがけず人事の責任者に任ぜられ、私は、当たり前とされてきた会社と社員のありようそのもののギャップを修正していく仕事が必要になると考えました。組織と働く個人の関係性を見直し、お互いがパートナーとして適切な関係を保ち、その結果として、社員の利益と会社の利益が、最大化するような仕組みをつくることを理想と考えました。

その考えをカタチにしたのが「**人財開発企業**」というスローガンです。このスローガンには、会社と社員は主従ではなくパートナーであり、会社は社員に給料を正しく払うだけでなく、社員の成長にも貢献し、社員の成長によって会社も成長していくという意味をこめました。

ヤフーは人財開発企業になる

これまで私は、ある会社を指すときに、「あの会社は人材輩出企業である」という言い方を聞いていました。経営幹部として大企業にスカウトされて成功したり、起業して会社を急成長させるビジネスパーソンが、特定の企業の出身者であることから、それらを人材輩出企業と呼んでいるようです。会社が人材輩出企業と言われるのは、定着を是としないという意味で、人事の責任者として少し寂しく感じることもあるけれど、そのように評価される会社は素晴らしいなと感じました。

一方で、ヤフーは、人材輩出企業になる前に、働く人がヤフーの社員となることによって能力を開発され、成長していくような会社になりたい。ヤフーに入れば、自分が気づかなかったような才能に気づき、成長できる、そのような会社にしたいと感じるようになりました。

ここに裏話があります。ヤフーは、副社長の川邊健太郎を中心にして言葉や言霊を大切にする文化があります。たとえば「爆速」。ヤフーが新体制になった2012年に、社内に浸透させた言葉です。問題を発見し、それを周囲に提示し、解決法を考え、具体的なアクションに移すというプロセスを高速回転で繰り返す、という意味ですが、「爆速」が社員に浸透するまで、さまざまな方法を駆使しました。役員は胸に「爆速」と書いたTシャツを着て社員総会の場に出たり、社内広報が「爆速」についての記事を書いたりポスターをつくるなど、徹底して浸透させていったのです。

「人財開発企業」については「爆速」のように、積極的に社内に拡げていくようなことはしていません。しかし、人財開発企業という言葉、とくに「人財」「開発」という2語には魂を込めました。

まず「人財」です。人事や会社経営の領域では、人材に「人財」という文字を当てる例は珍しくありません。社員は会社にとって重要な資産であり、素材の「材」であってはいけない。とする考え方です。人材の本来の意味を調べたことがありますが、人材は、人を素材のように扱う意味ではなく、才能がある人、能力がある人という意味です。しかし、「人材」ではなく「人財」という言葉を当てて、会社が社員を大切に考えている。社員は財《たから》であると表明しています。

次に、「開発」ですが、本当は「発達支援」という言葉を私は使いたかった。ここに私のこだわりが隠れています。

ところで、みなさんはキャリアデベロップメント(Career Development)という言葉をご存じでしょうか。そして、キャリアデベロップメントを、どのように訳しますか。

私の師匠の一人で、カウンセリング心理学の研究者である渡辺三枝子・筑波大学名誉教授[4]は、「Career Development の Development を、経営学者は〝開発〟と訳すことが多い。一方で、心理学者は〝発達〟と訳すことが多いように思う」と話をしてくれました。幸運にも、私は経営学と心理学を学んだので、経営学が人を「開発するように」考えることに対して、心理学者は働く人の発達を支援するような立場をとる人が多いように感じました。

この考え方でいくと、ヤフーの人事として、私は Development を開発ではなく発達(支援)と表現したいと強く感じていました。ヤフーの社員は会社によって成長させられるのではなく、社員は自分の意志で成長(発達)していく。会社はその成長を支援する。そういう立場をとりたかったからです。しかし人材発達だと語呂が悪いし、私たちの本意が伝わらない可能性がある。これでは意味がありません。このような思いから「人財発達支援企業」とは言わず、「人財開発企業」と決めました。

しかし、これだけでは終わりたくなかったので、部門の名前は、それまでの部門名であった「人事本部」から「ピープル・デベロップメント本部」に変更しました。部門の名前にカタカナをつけるのは好

4 筑波大学教授、同キャリア支援担当特命教授、立教大学大学院特任教授を経て現職。カウンセリング心理学・カウンセラー教育を専門とする。

きではなかったのですが、人事に携わる仲間に「Development」の意味を考えてほしいと思い、この名前にしました。今ではＰＤ本部と略して言われることも多く、Ｐがピープルの頭文字であり、Ｄがデベロップメントの頭文字であることを知らない社員もいるかもしれません。言霊はどこに行ったんだと感じることも少なくないのですが、それでも、できるだけ名前の由来について話すようにしています。

異動を活発化して経験のバリエーションを増やす

では、どのようにして、人財開発企業を実現していくのか。ヤフーでは、課題を解決することについて「山に登る」という表現を好んで使いますが、その例で考えると、どのような方法で人財開発企業という山の頂上を目指すのか。

その方法として私たちは、ここまで何度も繰り返してきましたが、「**社員の経験を大切にし**」つつ「**社員の才能と情熱を解き放つ**」ことによって、人財開発企業になろうと言っています。

まず、「**社員の経験を大切にする**」ということについて説明します。第2章でも書きましたが、人の成長を決める要素の比率は7割は仕事の経験から、2割は他者から、1割は研修や書籍から学ぶという調査結果があります。

なるほど、自分のこれまで振り返ってみて、そうかもしれないと思いませんか？　しかし、そうであるにもかかわらず、一般的に人事は、社員の経験に関心を寄せることは少なく、もっぱら研修のことばかりを考えているようだ、と思いました。

もちろん、1割とはいえ、研修が重要であることに間違いはありませんが、だとしても、人事は7割の「仕事経験」に、もっと焦点を当てるべきだと感じたのです。

では、7割の仕事経験に焦点を当てるとは、どのようなことなのか。そのことを考え、議論した結果、私たちは、経験のバリエーションを増やしていくことと、経験から効果的に、かつ効率的に学ぶことを大切にしようと決めました。

たとえば、経験のバリエーションを増やす方法としては、「異動は最大の人財開発」というスローガンのもと、社員の経験を積極的に増やしていくようにしています。私のメンターの一人である、カゴメ執行役員の有沢正人さんは、「よい人事異動はアートである」と話してくれました。社員の経験による効果を最大化するために、人事異動はとても大切です。しかし、その人物が優秀であれば優秀であるほど、上司は彼（彼女）を手放して、異動させようとはしません。人事も現場に気を遣って、人事異動をためらうこともある。それでは、人財開発企業になることはできません。

また、人事異動によって、社員は複数の経験ができるだけでなく、複数の上司や職場の仲間から、観察してコメントをもらうことができます。異動せずに同じ部署にとどまるケースと比較すると、経験学習を深く浸透させることができます。

アサインからチョイスへ

一方で、ヤフーが人財開発企業になるためのもう一つの方法「**社員の才能と情熱を解き放つ**」はどうでしょうか。第2章でも述べましたが、ヤフーでは会社が決めた仕事を社員に割り振る（アサインする）のではなく、社員が自分の仕事を選ぶ（チョイス）することを理想としています。もちろん、現実はそう理想通りにはいきません。しかし、会社のために、組織が与えた仕事をするのではなく、自らが才能と情熱を解き放つ仕事を選ぶ方が、会社にとっても本人にとっても合理的であるという考え方を持っています。

たとえば、目標管理制度（ＭＢＯ）に代表される人事評価制度は、１９９０年以降、日本企業のスタンダードであったと思います。しかし、ＭＢＯによって、強く動機づけられた社員の話を不思議と聞きません。自分の経験を振り返っても、評価を上げるために頑張った経験は少ない。むしろ、誰かが自分を必要としてくれて、自分でも貢献できるという自信があったり、このプロジェクトで自分が成長できそうだという予感があるときの方が、仕事を頑張ろうと思えた、と記憶しています。

もちろん、お金が伴わなければ、仕事で頑張ろうとは思わないというのも事実です。しかし、それでも、これまでの人事評価の仕組みは、前述したように、誰かに必要とされ、自らの才能を伸ばしているという感覚や実感を軽視していたと思います。

同時に、ヤフーでは、社員が仕事に情熱を持つことも大切にしています。仕事に限らず、情熱を傾けているとき、人は時間の経過を短く感じるのではないでしょうか。目の前の仕事に集中していて、昼食の抜いてでもやり遂げたいと感じたり、仕事にのめりこんで終電を逃した経験はないでしょうか。同僚の小澤隆生・執行役員ショッピングカンパニー長は、「ゲームに熱中するように、仕事に熱中することはできないか、いつも考えている」と言っていますが、ゲームに熱中することと情熱を解き放つことがイコールとは言わないまでも、人事や管理職が考えるべきテーマなのではないかと思います。

ヤフーの1on1では「あなたが情熱が傾けられる仕事って何ですか」という上司からの問いや、「〇〇の仕事をしているときはイキイキとしているね」というコメントなどによって、社員が情熱を解き放つ仕事を見つける支援をしています。

キャリアは会社が決めるものなのか?

また、ヤフーの1on1は、個別業務の進捗確認にとどまらず、部下のキャリアについても対話します。今の業務にどのように取り組み、さらには先々どのような仕事をしていきたいのか。それを聞き取ることも、才能と情熱を解き放つために重要です。

会社ですから、希望する業務、希望する部署に、誰もがただちに移れるわけではありません。それでも、各人が思い描くキャリア像を把握し、そこに向かって当面なすべきことを示唆し、希望に向かって補うべき経験をアドバイスすることは有益です。

かつて、日本企業の多くに「キャリア（パス）は会社が決めるもの」という常識がありました。私自身にも経験があります。新卒で入社したシンクタンクでは、人事異動は完全に会社都合であり、個々のキャリアについて働く人の意思が反映されることは皆無でした。「本間さんのキャリアは会社が考えてくれるんだから、仕事の好き嫌いなんて言っちゃだめだよ」と、先輩に言われたこともあります。でも、ヤフーはそういう会社にしたくはありません。また、そのようなやり方では、才能と情熱を解き放つことはできないと思います。そもそも、会社の言う通りにやっていれば雇用も賃金も保証する、という時代ではなくなりました。その意味で、企業は社員に「キャリア自律」をうながす必要に迫られています。

才能と情熱を解き放てる舞台さえあれば、人はその才能をさらに開花させようと思いますし、情熱を注ごうとします。その際、会社、そして上司のすべきことはその舞台を整えることです。１on１はそのためのコミュニケーションの場でもあります。

自分にはその仕事の才能がない、情熱を注げないと思っている部下がいれば、１on１を通じて、部下とともに考え、悩む。そして答えが出なくても、少しでも答えに近づくような努力をする。そこから何かをつかみ、上司も部下も成長する。それが理想です。

どのような人でも優れた才能があると私は信じています。しかし、その才能を見つけることは容易ではありません。ましては、才能を伸ばしていくのはつらい作業だと思います。たとえば、ピアノの天才がいたとします。音楽教室に行ったら数カ月で難曲も弾けるようになった。親は彼（または彼女）を実績のあるピアノ教室に通わせ、見込みがあれば、さらに高度な教育環境に通わせるようになる。しかし、それで彼の将来が保証されたわけではないし、彼にとってピアノの訓練は必ずしも楽しいものではない。このように、才能と情熱を解き放つというと、楽しくワクワクすることのように感じますが、それだけではありません。しかし、そうであっても、ヤフーは社員の才能と情熱と解き放つ会社になりたい。そう思っています。

5-2 対談……❹

社員に成長の場を与えることは企業の役割だ

由井俊哉・ODソリューションズ代表（組織・人材開発コンサルタント）に聞く

1985年リクルート入社。現リクルートマネジメントソリューションズで、一貫して人材領域（人材採用、人事制度構築、人材開発、組織開発）の営業、コンサルティング業務に携わる。2011年多摩大学大学院経営情報学研究科修士課程（MBA）修了。2012年よりコーチング事業を担当し、2016年に独立。現在は外部パートナーとしてリクルートマネジメントソリューションズを支援。

由井俊哉さんは前職のリクルートマネジメントソリューションズで経営改革や人材開発のコンサルティングをされており、現在もパートナーとしてかかわっています。そして前職在籍時にヤフーの１ｏｎ１を素材として、面談研修をつくった張本人でもあります。本書を編集するタイミングで独立された由井さんは、これからも１ｏｎ１をウォッチし、良質なフィードバックを与えてくださるだろうと思います。コンサルタントの立場から、いま企業経営と人材育成の領域で起こっている変化を話していただきながら、１ｏｎ１の可能性についてうかがいました。

＊＊＊

昭和のＯＳを替えたい企業が１ｏｎ１を始めている

本間　由井さんには、１ｏｎ１は本当に企業のためになるのかをうかがいたいのですが、その前に、なぜ１ｏｎ１に興味を持つ企業が増えているのか、その分析から聞かせてください。

由井　一つには、職場が、安心できる居場所でなくなってきていることがあると思います。リストラなどが続いた結果、働く側からすると窮屈でぎすぎすした職場が増えているように思えます。だから「上司がちゃんと見てくれている」「どんなことを言ってもいいんだ」と、安心できる場、信頼できる関係を取り戻せるよう、改善したいという思いがあるのでしょう。
もう一つは、たとえで言うと、野球がサッカーに変わってきたことが大きく影響していると思います。

本間　野球がサッカーに。どういうことですか？

由井　以前のビジネスは野球だったんです。守備位置も、守備と攻撃のタイミングも決まっていて、監督の指示に従って力を発揮すれば試合に勝てていました。でも今は、一人一人が主体的に、臨機応変に動かないと勝てません。サッカーでは、監督の指示を待っていたら勝てないですよね。でも、多くの企業はサッカーを野球的に戦おうとしています。まわりが平成のＯＳになっているのに、一人昭和のＯＳを使っているかのようです。

本間　ＯＳの入れ替えができていない企業もまだ多くて、でも入れ替えたいと考えているところが増えているということですね。でも、由井さんはどのように入れ替えの支援をするのですか。

由井　１ｏｎ１をやりましょうと勧めると「部下が多いので週に1度の１ｏｎ１は無理です」という答えが返ってくることが多いです。せいぜい、年に2回か3回の評価のフィードバックに合わせて実施するのが限度だと言いますね。でも、最近少し傾向が変わってきていて「全社で制度化するのは無理でも、身近なところでやってみたい」という人もいますし「実はちょっとやっているんです」という人もいます。

本間　それは心強いですね。

由井　ある企業では、全体の7割くらいが月に1度、１ｏｎ１を行っています。ただ、始めてからまだ1年半から2年くらいなので、１ｏｎ１のテーマが業務の進捗確認に終始することが多いようです。キャリアについても話せている人の方が現状への肯定感が高いこともあって、もっとキャリアのことも話せるようになりたい、という段階に来ています。この壁、本間さんならどう乗り越えますか。

本間　ちょうど、新任の管理職を対象に、キャリアについての研修を行ったばかりなのですが、キャリアについて思考を深めてほしいときには「どんなキャリアを積みたいか」「やりたい仕事は何か」と聞くのではなく、「好きなこと・得意なこと・意義を感じること」を尋ねて、実際に答えてもらいました。そこで、質問によって思考が深まるかを実感してもらってから「この問い、便利でしょう。１ｏｎ１で使ってみてください」と伝えました。マサチューセッツ工科大学の名誉教授である、エドガー・シャイン教授の3つの問いですね。

由井　私も、そういった支援サービスを行っています。部下マネジメントのためにコーチングのスキルを学びたいという人に、コーチングを受けるという体験をしてもらうんです。すると、プロのコーチからの問いで心が動いたり、前へ行きたくなったりする瞬間があるんですね。すると、その問いを自分の部下に対してもしたくなるんです。

本間　そうなんですよね。

由井　するとその次のワークショップが「部下にこんな質問をしたんですよ」という自慢大会になるんです。

本間　もうちょっと詳しく聞かせてもらえますか。

由井　研修で、モチベーションの源泉はＷＩＬＬ、ＣＡＮ、ＭＵＳＴのうちのＷＩＬＬにあると学んだ方が、部下全員のＷＩＬＬ、つまりしたいことを聞いたそうなんです。その会社はＷＩＬＬを大事にしている会社に見えるのですが、実際は忙殺された日常の中でＭＵＳＴを優先しがちになっていたんですね。なぜその方が部下のＷＩＬＬを聞いたかというと、研修でただ学んだからだけでなく、自分の若いころのＷＩＬＬを思い出して「やっぱりＷＩＬＬがあるから仕事にのめりこめるんだ」と実感したからだそうなんです。

本間　いいですね。そうやって上司の１ｏｎ１が上手くなると、その部下がそのまた部下に対して行う１ｏｎ１も上達しますよね。

由井　まさにそうですね。上手い１ｏｎ１をまねて、上手くなるんです。

時間を食い、まどろっこしい1on1が企業の生産性を上げる理由

本間　一方で、1on1がなかなか浸透しない組織もあると聞きます。

由井　1on1が上手くいっている組織とそうでない組織は見ればわかります。あるメーカーの事業本部で1on1の導入のお手伝いをしたことがあるのですが、その事業本部長も、上手くいっている事業部とそうでない事業部はすぐわかるそうですよ。上手くいっているところは普段のコミュニケーションも円滑ですし、そうでないところは、話をしないどころか集まりもしないと言います。

本間　上手くいく事業部とそうでない事業部は何が違うんでしょう。

由井　まず事業部長から1on1に取り組み始めた事業部は上手くいきやすいんです。でも、事業部長が後まわしになってしまった組織では、事業部長が「なんでそんな面倒な質問ばかりするんだ」とだめ出しをしてしまうので、上手くいかなくなってしまうんです。

だから、上が理解し、思想とコミュニケーションのスタイルを変えないと、浸透しないんです。ヤフーはトップから変えているから、上手くいっているんだと思いますよ。

本間　なるほど。では、1on1の導入をスムーズにしたければ、上からということになり

ますね。

由井　あとは、トップが我慢できるかどうかも大きいですね。

本間　我慢ですか。

由井　ある企業の社長は、現場が主体的に動けるようになってほしい、育ってほしいと考えていて、コーチングに興味を持ちました。ただ、主体的になってほしいという思いがある反面、トップダウンの会社でもあるんですね。その社長が、コーチングを学ぶ管理職向けの研修にオブザーバーとして同席したときに「コーチングってまどろっこしいね」と言っていました。

本間　確かにまどろっこしいところはありますね。

由井　多くの経営者は、そこを我慢できないんです。そもそも経営者は、元から強い価値観を持っていて、誰かと対話しなくても自分から動いて切り開ける人なので、まどろっこしいプロセスが必要な人のことを理解できないのでしょう。

本間　そういうリーダーがトップにいる企業では、１ｏｎ１なんて必要ないでしょうか。

由井　いえ、した方がいいと私は思います。今、例に出した企業は、客先に常駐して仕事をすることが多いので、現場のことは現場のリーダーに任されているんです。そこで適切な判断ができないと、仕事はどんどん他社に奪われてしまいます。以前は、まじめで無理難題にも応じていれば評価されていましたが、今となってはそれは当たり前で、先回りしての提案が求められているので、受け身のままではダメなんです。

本間　１ｏｎ１は確かに時間を食うし、まどろっこしいけれど、企業の生産性を上げられると言い切っていいいですか。

由井　決められたことをシンプルに進めていくタイプの仕事をするなら、指示命令型の組織の方が生産性は高いでしょう。絶対に高い。でも、そういった仕事の仕方をしていては通用しない状況になってきています。指示を待っていたら、競合に負けてしまうんです。そこに気づいた人は、指示命令型ではない、別のスタイルの生産性の高さを求めるようになってきています。

本間　興味深いですね。営業の現場で値引きを要求されたとき、「持ち帰って検討します」と言うA社と、「なぜですか」と聞けて「ならば期を変更しましょう」「細目を考え直しましょう」とその場で提案できるB社とでは、評価が異なります。

由井　「持ち帰って検討します」と言うときに、顔に出るケースもあるんですよ。それは、上司との関係性が悪い場合です。会社に戻ってあの上司に相談するのかと思うと気が重くなり、それは必ず顔に出る。扱っているのが高額商品の場合、顔に出た瞬間にアウトです。

本間　瞬間に？

由井　たとえば、住宅の購入の場合がそうです。図面を見ながら「ここをちょっと変更したいんだけど」と言われたときに、「戻ってから設計チームにこれを言ったら喧嘩になるな」と思うと、顔に出て、それはお客さんに伝わる。すると発注してもらえない。

本間　それはわかるなあ。高い買い物をするときに嫌な顔をされたくないですよね。

コーチングを導入し、短期間のうちに特許申請数が倍になった

本間　ほかに、1on1の導入がうまくいく企業、いかない企業の違いはありますか。

由井　目的意識の違いですね。1on1を導入すれば生産性が上がる、導入は事業戦略として欠かせない、と意思を明確にできている企業と、なんとなく1on1はよさそうだし、社内の風通しが良くなるかも知れないといった程度の認識の企業とがあります。

本間　それもわかります。

由井　コーチングや1on1の導入を相談されたとき必ず「なぜ導入を考えたのですか」と聞くようにしているのですが、「ヤフーでうまくいっているみたいだから」とか「上からやれと言われたから」という答えは多いですよ。そこで「何のためにやるんでしょうね」と聞くと「やっぱりチームワークがいいほうがいいですから」と。「チームワークがいいとどういいんでしょうか」と尋ねると、それまで考えていなかった人からはそれ以上の答えが出てきません。でも、ときどき「それが事業戦略上、差別化要因になるから」とはっきり言い切る方もいます。

本間　その違いは大きいですね。１ｏｎ１がどう企業経営に結びつくか、１ｏｎ１に対してポジティブな人でも説明できないことが多い。

由井　人材開発の仕事をしていると、人材開発そのものが目的になってしまうことがあるんです。それと同じで、コーチングや１ｏｎ１の導入が、何かのためのツールではなく、目的になるケースがあります。そうなってしまうのは、１ｏｎ１がある意味で当たり前で、目新しいものではないからかもしれません。

本間　面談ならやっているよ、ということですね。

由井　面談は当たり前すぎて、事業戦略とつながらないんです。

本間　１ｏｎ１や面談は、単にコミュニケーションを円滑にするためのものだと思ってしまっている人は多いでしょう。

由井　本質はコミュニケーションが円滑になると何がいいのかということなんですが、あるメーカーでは、コーチングの導入後、短期間のうちに特許の申請数が倍になりました。

本間　何が変わったんでしょう。

由井　雰囲気です。誰が何を言ってもいいんだという雰囲気ができて、それまでは「お前、それおかしいだろう」と上司に言われ、潰されていたような発言も評価され、改善案もまわりからもらえて創発が生まれたんです。もちろん、すべての発言が成果に結びつくわけではなくて、ダメなモノも多いのですが、その中にひとつでもモノになるものがあればそれを拾えるようになったのです。「この部分はとてもいいから、もうちょっと考えたら展開できるよ」といった具合になるので、新しいアイデアがどんどん出てくるんです。

本間　１on１でも重要な役割を果たす傾聴では、否定せずに相手の話を聞きますが、それと関係ありますか。

由井　明らかにありますね。

本間　だとすると、１on１の導入は人事が主導すべきなのでしょうか。もしかすると、人事が旗を振るよりも、自分のチームや事業部を成長させたいと考えるリーダーが、自分のできる範囲でやってみる方が、導入としては簡単なのかなという気もします。

由井　そのグループのトップが決めてやるのなら、その方が簡単でしょうね。これは僕の先入観かもしれませんが、経営者や事業のトップに立つ人の関心の多くは、人のモチベーションよりもビジネスモデルや戦略に向けられているように思います。その戦略を進める人のパワーを引き出すことに注目している人は少ないと思うんです。

特にメーカーなどはどんな事業に、どこの工場に投資するのかが最重要課題になることがほとんどで、人は後まわしになりがちです。ヤフーや、私がいたリクルートは、人が資産というのが前提の会社なので、うまくいったのだろうと思います。

本間　ただ、メーカーでも事業や工場だけに投資していては、イノベーションが起きなくなりつつあるから、人への関心が以前より高まっているんでしょうね。

いい信頼関係はフィードバックとそれによる気づきによってつくられる

本間　今、リクルートの話が出ましたが、リクルートでは1on1のようなものが昔からあったんですよね？

由井　1on1という言い方はしていませんでしたが、少なくとも私がいた事業部では、上司と部下が1対1でミーティングするという文化が、今でも根強く残っています。それは誰かに言われたからではなく、伝統なんです。

本間　効果があると思われているから続いてきたんですよね。

由井　そうなんです。別に誰かから学んだわけでもないのに、いつの間にか根づいていました。

本間　なぜなんでしょう。

由井　なぜなんでしょうね。リクルートには360度フィードバックを材料にして内省を深め、「自分はどうしたいのか」を決める研修があるんです。それは研修所で受けるのですが、職場に戻ってから周囲に「自分はこれからこうしたい」と宣言し、助言を得るのです。この研修を通じて、まわりからはこう見えているというフィードバックをされるという文化が醸成されています。

本間　フィードバックを受けろ、と。実は1on1のポイントは、コーチングとフィードバックです。私は、会社に公にフィードバックをする場がなかったから1on1を取り入れた部分もあるんです。

由井　ある企業で360度フィードバックをお手伝いしているんですが、こんなことがありました。その企業のある方は、営業としてはとても優れているんだけれど、マネジャーとしては少し問題もある。でも、本人はそのことに気づいていないんです。そこで360度フィードバックを見て初めて、自分はマネジャーとしてはあまり認められていないという事実に気づく。

ひどいですよね。営業の成績がよくて上に上がって、これまで誰にも何も言われなかったからそれまでのやり方でやってきたのに、調査してみたら評価が悪かったというのは。上司も「管理職としてはいまいちだな」とわかっていたのに、フィードバックしてこなかったんだと思うんです。これではまったく本人のためになりません。

本間　なぜ、気づいているのにフィードバックしないんでしょうね。わかっていないのは本人だけということがよく起こってしまう。

由井　日本人は慮《おもんぱか》ってしまうのかもしれません。それに、フィードバックはする側の負荷が大きいですよ。嫌われる可能性も、避けられる可能性もある。

本間　そうですね。

由井　僕自身を振り返ってみても、リクルートに入るまでは、フィードバックされて気づいて自分のプラスになるという経験をしていないです。ですから、そういう体験をしないまま社会人になる人が多いのではないでしょうか。

本間　フィードバックは人によって微妙に定義が違うんですよね。東大の中原淳先生が『フィードバック入門』（PHPビジネス新書　2017）というとてもいい本を書いていて、この本をこえる参考書はたぶんないと思う。その本で、中原先生は「立て直すために厳しいことを伝える」のをすなわちフィードバックだと言っていて、なるほどそうだなと思うんですね。

でも一方で、ヤフーの場合、「立て直すために厳しいことを伝える」ためのフィードバックに加えて、厳しくないことでも、見えた通りに伝えるというフィードバックもあると思っています。つまり鏡なんですね。こう見えているぞ、今、こんなふうに手が動いたぞと伝えるのも、フィードバックです。

由井　フィードバックとは、ネガティブなことを伝えることという認識を持っている人は多いかもしれませんね。

本間　上司が鏡に徹しても十分に気づきを引き出せます。「今、目が泳いだよ」とか「この話になると胸の前で腕を組むね」とか。私自身、強烈な記憶があります。「あなたは、このプロジェクトの話をすると必ず腕を組むね」と指摘したら、相手はちょっと考えて、「実は、あの仕事苦手なんです、あのプロジェクト嫌いなんです」と立て続けに言われたのです。それもすごいスピードで。頭のなかで、バチバチと考えがつながったんでしょう。誰かの一言が、きっかけになって、自問自答が一気に進み、深い気づきを得ることができるっていうことは、誰にでもあると思う。ところで、リクルートでやっているフィードバックはどちらに近いですか。

由井　どう表情が変わるかとか、いいところも悪いところも含めてのフィードバックです。

本間　フィードバックさえ続けていれば、相手が気づくことはできると思うんですよ。「今日、来るのが早かったね」「最近、帰るのが遅いんじゃないの」とか、こういったフィードバックを続けることは、上手なコーチングと同じくらい効果がある。それほどフィードバックは重要だと思っています。見てくれているから、気づきが得られるとなると、信頼関係が構築されていきます。いい1on1のためには上司と部下の間の信頼関係が必要ですが、いい信頼関係は、1on1に求められるフィードバックとそれによる気づきによってもつくられるんです。

「個をあるがままに生かす」

由井　そうですね。僕は困ったことがあると今でも、自分が新入社員だった時代の上司に相談に行くんですよ。今だからわかりますが、その上司は常に僕を見守ってくれていました。「これはこの間、由井君が言っていたあれだよ」「この前は、こういうこと言っていたよね」と、いつも言ってくれていたんです。

本間　うれしいですよね。

由井　とても勇気づけられましたね。特に経験のない若いころは、自分に自信を持てないこともありますよね。でもその上司と仕事をするときは、なぜか自信が持てるなと感じていたんですが、まさにこういうことなんです。

本間　特にこれからは変革の時代と言われていて、未知の分野に一歩踏み出さないとならない局面になることも増えるでしょう。そのときに必要なのが勇気だとするなら、そうやってフィードバックしてもらったり、リコグニションしてもらったりという、ポジティブな働きかけや、場合によってはネガティブなフィードバックが必要です。

由井　「大丈夫だよ」「できているよ」「それでいいんだよ」と言ってあげないとダメですね。「この間、俺が上手くやったのを見ていただろう。だからできるだろう」では不十分です。

本間　リコグニションなんですよね。リコグニションって、承認じゃないんですよ。承認という日本語にしてしまうと、賞賛とか褒めるというニュアンスが含まれてしまうんだけど、「見ている」と伝えることです。

由井　リクルートマネジメントソリューションズの前身であるＨＲＲでは「個をあるがままに生かす」という言葉を大事にしていました。その原点は、「これでいいんだ」と現状を受け入れることです。そこには、できている自分もできていない自分も、きれいな自分も汚い自分も、良い自分も悪い自分もいるんですが、でも自分とはこういうものだと受け入れることができて初めて、相手のことも受け入れるようになるんです。

よく、360度フィードバックを受けると、できていないことをできるようにする、ギャップを埋めることだと考えがちになるのですが、まず現状を受け入れることが重要なのです。

本間　「個をあるがままに生かす」をヤフー流に言えば「才能と情熱を解き放つ」ということになります。だから、一見、面倒くさい、時間ばかりかかる1 on 1に取り組んで、人を育て、そして会社を出すというアプローチをとっているんです。短期的な効率を考えるならもっと他の方法もあるでしょうが、個人個人が厳しい世の中をサバイブしていくのにも、会社が生き残って顧客の課題解決をするのにも、私はこれこそが正しい道だと信じています。

由井　そう信じる最大の理由は何ですか。

本間　それが、会社の役割だと思っているんです。会社は従業員の人生を預かっているのだから、成長の場を提供することは絶対に必要です。そのときそのときの市場価値に応じた給料を払っていればいいというものではありません。

じゃあ、どうやったらヤフーはそういう場になれるのか。そのための方法論の一つが、1on1。もちろん、その先にイノベーションを起こしたいとか会社を儲からせたいという思いはあるのですが、こういうことをするのが正しいという思いもあるんです。もしも儲かるためだけだったら、たぶん、私は1on1に固執することはないと思います。

由井　そうですよね。それに、企業が永続的に成長し発展し続けることと、そこにいる人が成長し続けることは無関係ではない、むしろ直接関係することです。

人は強くない。一人だとやりきれないことだらけです。じゃあどういうときにその強くない人が自立できるのかというと、職場などの組織に支えられているときでしょう。

本間　そうです。でも会社は、「私は会社で一生懸命、まわりの人を勇気づけています」という人を評価できる組織になっていませんよね。

由井　でも実際には、どれだけ貢献していることか。かつての管理職、役員クラスにはそういう度量のある人ばかりではなかったですか。何だか、孫を見るおじいちゃんのように勇気づけてくれたりして。最近は、そういうのがないですよね。

本間　すべての役員におじいちゃんに戻れと言うつもりはないけれど、でも、その変化の過程で組織が失った要素はありますね。

第５章 まとめ

Summary Chapter 5

▒日本的経営慣行が変わる一方、情報環境が一変した。それらを背景として、これまで当たり前とされてきた組織と個人の関係のありようが、大きな変わり目にある。

▒人の成長を決める要素のうち7割は「仕事の経験から」。経験学習を深く浸透させることが成長のカギとなる。7割の仕事経験に焦点を当てていくための大切な手段が1 on 1である。

▒組織が与えた仕事をするのではなく、自らが才能と情熱を解き放つ仕事を選ぶ方が、会社にとっても本人にとっても合理的である。

▒会社の言う通りにやっていれば雇用も賃金も保証する、という時代ではない。企業は社員に「キャリア自律」をうながす必要に迫られている。

Scenery of 1 on 1……⑤

[上司]

芝﨑健太さん

(マーケティングソリューションカンパニー　経営戦略本部経営企画部長：左)

普段からメンバーには、意図的に自主性を発揮してもらうようにしています。1 on 1では1週間分の「あれを話そう」をためておいて、1 on 1で気づいてもらえるように促しています。1週間あればメンバーの観察もできるので、テーマは十分にたまる。ちょうどいいペースだと思います。

時間のセッティングは、現場の方が忙しいので、会議予約のシステムを使ってメンバーに予約を入れてもらうようにしています。アポの入りにくい朝イチのことが多いですね。

[部下(取材当時)]

遠藤博之さん(右)

1 on 1を受ける側としては、とても意味のある30分だと思っています。上司・先輩の立場で提供する側に立つと、相手にも意味のある時間だと思ってもらうようにしたい。この30分間は何のためなのかを受け手と共有したいと思っています。業務についての共有と、自分がどうなりたいのかを整理する場として使っています。

あとがき

最後まで本書をお読みいただき、ありがとうございました。

本書の結びに当たり、1年を超える企画執筆作業に並走してくれた社内コーチでもあるコーポレートグループPD部の吉澤幸太さんと一緒に、1on1でリフレクションをしたいと思います。文中でも述べたように、リフレクション＝振り返りは、経験学習サイクルの大事な要素の一つです。私たちも本書をまとめ終えた今、新しい状況に対応するため経験学習をまわしてみたいと思います。

本間　吉澤さん、完成まで思いのほか長くかかった本書ですが、たいへんお疲れさまでした。資料集めや諸々のコーディネート、そして何より私の壁打ちの相手など、さまざまな貢献をしていただいたと思っています。ところで、本が完成した今、感じていることを教えてください。

吉澤　1つ目のマイルストーンに到達したという感じでしょうか。この本で1on1が完成するわけではなく、読んでくださった方々からの反響や意見を受け止めて、1on1がさらにレベルアップする予感がありますね。これからどうなるか楽しみです。本間さんはどうですか。

本間　私も同じことを感じています。当社で１ｏｎ１導入以来、いろいろなところで話題になったり、噂になったりするなかで、４年経っても同じような質問が繰り返されていることに気がつきました。口頭伝承は、それはそれで有用ですが、私たちがさらに一歩進んでいくためにも、言語化が必要だろう。それが本をつくろうという最初の思いでした。

吉澤　噂とか、ちょっとしたＷＥＢ情報で、１ｏｎ１が多くの人たちに共感されていることを知り、きちんと言語化できれば仲間が増えるだろう、という話もしましたね。

本間　そうそう。１ｏｎ１はもっとよいものにできるはずで、そのためには社内だけでは限界があるから、仲間を増やそうという話をしていました。そのための「きっかけ」が必要で、この本をきっかけにして、興味を持った人とネットワークができたらいいなと。そんな思いをこめようという話をしたのを思い出します。

吉澤　そこで、１ｏｎ１を研修プログラムとして外部の会社につくってもらう、という試みもありました。社外にも場をつくったわけですが、そこにヤフーから新任マネジャーを参加させるというトライアルをしましたね。そうすると当然ですが、ヤフー社外の参加者から「ヤフーさんでは１ｏｎ１をやってるって聞くけど、どういうふうにやってるの？」などと聞かれる。でも、なかなかうまく答えられない。社内研修では起きえないことですが、自社のことを尋ねられて必死に伝えようとする若いマネジャーたちの姿が印象的でした。１ｏｎ１を社外に持ち出す価値を感じた瞬間でしたね。

本間　なるほど。ヤフーの1 on 1と聞いて、ほとんどの人がイメージするものは、実際とはまったく違う。なので、そこから説明するのが大変です。多くの人は、いわゆる「面談」をイメージされるようで、「半年に1回のあれね?」などと言われて、返答に困ったり。「そうではなくて毎週やるんです」と言うと、相手がぽかんと口を開けたり。

吉澤　それで、きちんと理解してもらうためにも言語化しようという話に。それが自分たちの振り返りにもなる、という話になったのを思い出します。

本間　はい、そうでした。みなさんに広く理解してもらおうとするなら、言語化は不可欠だろうという思いに至ったわけです。言語化するということは、ロジックを整理するということでもありますからね。でも、それが大変だった。編集の間杉さんからアドバイスや激励をいただきながら、ようやくここまで来られました。本書を手に取ってくださったみなさんには、HOWだけでなく、背景にある哲学やパッションも伝わるとうれしいなと思っています。

吉澤　WEBは誰でも見られますし、知識や情報が広く流れると思われていますが、実は必ずしもそうではなくて、ある種一部の人しか見ていない。一方で、本は本ならではの伝わり方があって、ネットでは届きづらいところにも、本当に必要としている人がいる。そんな人たちにも届くことを期待しています。

本間　あらためて１ｏｎ１はパワフルだと思うんですよね。単に話を聞くだけじゃなく、相手のモチベーションにつながるし、より深いコミュニケーションに発展する可能性を秘めていて、組織の力を強くする。そういうパワフルなものだから、その力を感じ取れる仲間とつながって、ツールとして強くしたい。

吉澤　ところで、１ｏｎ１はビジネスツールとして紹介していますから、ほとんどの人が興味を持つのは、１ｏｎ１で本当に会社や組織を強くしたり、業績を上げたりできるのか、ということだと思います。目の前の実績を上げなければならない多忙な日々の中で、じっくり対話する時間などとってられないよ、という状況は理解できます。ただ、これまでにないモノを生み出すことを目指すなら、むしろ1対1で話して、お互いの言葉の重ね合わせをするぐらいのていねいさを経ないと到達できない進化のレイヤーがあるんじゃないかと。これまでのように、アイデアと実行力のあるスゴい人がいて、ばばっとやれば他の人が追従していいものができた、というのではなく、多くの人がそれぞれの持ち味を出し合って融合していく。そういうスタイルでしか生まれえないものが増えていく未来。大げさですかね。

本間　いや、決して大げさではありません。むしろ、そんな限定したシチュエーションにはとどまらないです。その意味では、業種すら超えて普遍的な方法論だと断言します。これまでは、チームのために自己犠牲をしてでも合わせていくというのが主流だったかもしれません。でも、私たちは個人と個人の集合で、それが最大に高め合った結果、チーム力が上がると考えています。一人一人が才能と情熱を解き放ちまくっている組織としてのチーム、ということです。

吉澤　大事なのは、チームとしての力。それを高めるための価値ある時間ということでしょうか。

本間　はい。もっとも非効率的に見えるものが、実は効率的だった、と言えるかもしれないですね。メールやチャットなどの新しいコミュニケーションツールは必要だし否定はしないけれど、揺り戻しも起きていて、一人と一人がしっかり対話する必要を察知している人たちが増えてきたんじゃないかと。わかったつもりにならないで、ていねいに対話する重要性に気づき始めた人たちです。

吉澤　昔はどうだったんでしょう。テクノロジーが未発達な時代は、意思疎通の方法が乏しかったから、対面で話をするしかなかったんでしょうか。

本間　以前は飲み会とかも多かったし、背景についてウェットに話をする機会もしばしばあったということですかね。今は使える時間が短くなっているわりに、高い成果を求められるから、自分でやってしまうほうが早い。そう判断して、どんどん個別化していってる。

吉澤　でも、実際は一人が頭を抱えながら考えたって限界がある。どんなにスゴい人であっても。だからその状況を組織的に、かつ成功確率を上げるための方法がほしくなる。

確かに1on1は、全員がやったからといって、やっただけ利益が上がるというものではなく、膨大なリソースをかけて実施しても、もしかすると、ほとんどが無駄話に終わってしまうのかもしれない。しかしそれでも、そこを経ないと手が届かない未踏領域があるんじゃないかというのが僕の意見です。それが唯一の方法ではないのかもしれませんが。

本間　唯一とまでは言いませんが、かなり有効な方法だと確信しています。キャリアにしても、やりがいにしても、会社のなかでまじめなテーマをまじめに話すということがあまりない。「私はこう思う」、「あなたはそう思う」、「だけど会社はこう考える」、「じゃあどうしようか」、と対話すればいいのに。自分事だからこその圧倒的な当事者意識。それがないとうまくいかない。あと、私たちの仲間である小向洋誌さんが「ちゃんとした1on1をやると、業務時間のすべてが研修になる」と言っていましたね。これは名言です。

吉澤　共感しますね。1on1なんて「30分の時間が無駄だ」と言う人も少なくないけれど、本当に有意義な30分なら、それ以外の業務時間でも常に経験学習がまわるし、モチベーションにも好影響があるというわけですね。

本間　私がよく話をするガンバ大阪の上野山信行さんは、子どもにサッカーの指導をするときに「いま、どう考えてそのプレーをしたの?」と聞くんだそうです。普通のコーチなら、「なんでそこでシュート打たないんだ?」と言いがちですが、彼はそう言わない。こうした問いかけで指導すると、子どもが常に自分で考えながらプレーするから、サッカーの質が上がるんですね。小向さんの話はそれに近くて、常に自問自答するクセがつくから、普段の仕事時間が学びの時間になる。

吉澤　１on１の30分によって、ほかの時間の質がちょっとずつ上がっていく。それが狙いのど真ん中ということになりそうですね。

※　※　※

さて、いよいよ本当の最後になります。本書は社内外の多くの方のご協力を得て書かれました。その方々のお名前を挙げて感謝の言葉に代えたいと思います。

ヤフーの加納美幸さん、佐藤正憲さん、石原佑太さん、安齋恭平さん、芝﨑健太さん、遠藤博之さん、高橋僚介さん、山崎英海さん、小向洋誌さん、吉川祐介さん、小泉雅裕さん、古賀真紀さん、内田成男さん、柳澤桃子さん。

また、三﨑冨査雄さん（野村総合研究所）、古賀寛明さん（経済界）、伊藤羊一さん（ヤフー）からは、私のつたない原稿を読んで、適切なコメントをいただきました。

さらに、社外から関心を持って１on１を見ていてくださる御厨陽明さん、（有限責任監査法人トーマツ）、由井俊哉さん（株式会社ＯＤソリューションズ　toshiya.yui@odsolutions.co.jp）、守屋麻樹さん（ローレルゲート株式会社）からは、客観的なご助言をいただきました。加えて、インタビューにご協力いただいた松尾睦先生、中原淳先生にも感謝します。お二人からの示唆なくしてヤフーの１ｏｎ１はありえません。

そして、膨大な時間と労力を惜しむことなく、最後まで全力で支援してくださったダイヤモンド社人材開発編集部の間杉俊彦さん、ライターの片瀬京子さんには、とくに御礼申し上げたい気持ちでいっぱいです。

みなさん、本当にありがとうございました。

２０１７年３月３日　本間浩輔

［著者］

本間浩輔（ほんま・こうすけ）

Zホールディングス株式会社 常務執行役員
立教大学大学院 経営学専攻 リーダーシップ開発コース 客員教授
法政大学大学院 イノベーション・マネジメント研究科 兼任講師
1968年神奈川県生まれ。早稲田大学卒業後、野村総合研究所に入社。コンサルタントを経て、後にヤフーに買収されることになるスポーツナビ（現ワイズ・スポーツ）の創業に参画。2002年に同社がヤフー傘下入りした後は、ヤフースポーツのプロデューサー等を担当。2014年執行役員、上級執行役員（人事）、常務執行役員（コーポレート統括）を経て、2019年より現職。神戸大学MBA、筑波大学大学院教育学専修（カウンセリング専攻）、同大学院体育学研究科（体育方法学）修了。著書に『会社の中はジレンマだらけ　現場マネジャー「決断」のトレーニング』（中原淳・立教大学教授との共著。光文社新書）、『残業の9割はいらない　ヤフーが実践する幸せな働き方』（光文社新書）がある。

ヤフーの1 on 1
――部下を成長させるコミュニケーションの技法

2017年３月24日　第１刷発行
2020年10月22日　第10刷発行

著　者――本間浩輔
発行所――ダイヤモンド社
〒150-8409　東京都渋谷区神宮前6-12-17
https://www.diamond.co.jp/
電話／03·5778·7229（編集）　03·5778·7240（販売）

マンガ――小倉治喜
写真――大崎えりや
装丁――竹内雄二
製作進行――ダイヤモンド・グラフィック社
印刷――勇進印刷（本文）・新藤慶昌堂（カバー）
製本――ブックアート
編集担当――間杉俊彦

ISBN 978-4-478-06978-3

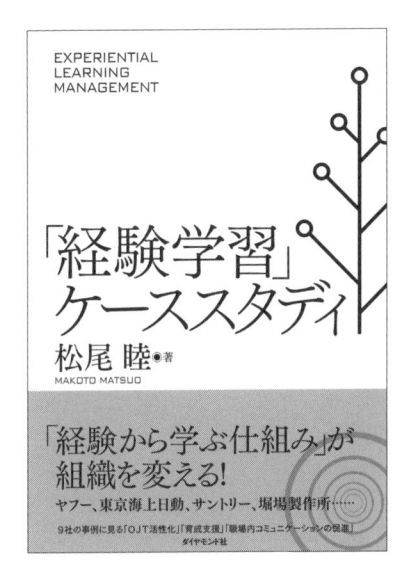